吾妻大龍　著

市長「破産」

——法的リスクに対応する自治体法務顧問と司法の再生——

目次

第一部　小説：市長「破産」

プロローグ　霊柩車の前で、令夫人の涙

令夫人の嘆き

前市長は市政に貢献したのに、ちょっとしたことで、住民訴訟で責任を追及され、巨額の賠償責任を負わされ、失意のうちに亡くなりました。

その葬儀の日、喪服を着た高齢の奥様が霊柩車の前でしくしく泣いている。

主人は、市のために働いて有能でした。高く評価されていたと思います。そして、前々市長時代に第三セクター形式で作ったレジャー施設会社が破綻したので、その残務整理に尽力しました。破綻会社に資金を貸した銀行からは、「市がなんとかせよ」と要求されました。施設を貸した会社からも、「債務を払え」と要求されました。前々市長が「市が責任を持つ、迷惑はかけない」と約束していましたので、信義を重んずる主人

は、市がこの要求を無視するわけにはいかないと考えました。そこで、議会の同意を得て、補助金を支出したのです。きちんと手続を踏んだのです。

ところが、潰れる会社に補助金を出すのは、違法で過失があったとして、住民訴訟が提起され、「五億円もの賠償金を主人一人で払え」との判決が確定しました。こんな理不尽なことがありますか。主人は市のために一生懸命働いたし、前の市長の約束ですよ。自分が約束したわけではありません。一文も私にはしていません。みんなで決めたのです。

それなのに、主人は五億円もの大金を負担しなければならないのです。破産必至です。主人はその心労がもとで急に亡くなってしまいました。主人はどんなに悔しかったことでしょうか。私たち遺族はどんなに泣いても泣き切れません。破産するわけにはいきませんので、限定承認か相続放棄をするしかありません。一文無しになって、この年で、再出発です。これが市政に貢献した市長、それを裏から支えてきた私たちに対する仕打ちでしょうか。

限定承認

限定承認とは、相続を受けた人が、プラスの財産の範囲内でマイナスの財産を引き継ぐという方法である（民法九二二条）。これに対して、相続放棄は、プラスの財産も放棄する代わりにマイナスも背負わないという制度である（民法九一五条）。

首長（知事、市町村長）のリスク

市町村長、都道府県知事（首長）は、きわめてリスクの高い職業である。都道府県知事、政令市の市長でも、年俸はせいぜい額面で二五〇〇万円前後である。それ以外の市レベルでは一〇〇〇万円台である。住民訴訟で億の付く責任を負わされたら、普通はとても払いきれず、破産か限定承認、相続放棄するしかない。一生かけて蓄積した財産はすべて取られる。遺族もほぼ無一文になってしまう。

首長（知事、市町村長）のリスク

首長に当選したときは、こんなことになるとは夢にも思わなかったろうが、これが現実である。権力を握れると甘い天国の夢を見たら、次は地獄である。

自治体の首長は、自分たちの常識が裁判所でも通用すると信じ込み、法的なリスクを十分に検討しない例が少なくない。

その上、法的に大丈夫だと思いこんでいる首長に対して、リスクがあると、適切に意見を具申すべきところ、これを怠っている茶坊主（権力者に取り入り出世や保身を図る者、権力者の威光をかさにきて傍若無人の振る舞いを行う者の意味で使われている）が多い。顧問弁護士でも、リスクがあるので、止めるようにと助言すると、自然に仕事を頼まれなくなるという。弁護士は、違法行為を隠し、屁理屈で防御するのが仕事だと言われそうな雰囲気である。首長は、茶坊主に取り囲まれた裸の王様である。行政の常識＝しばしば法の非常識である。そして、訴訟になって、賠償責任を問われる。行政側は負けると、裁判所は行政を知らない非常識者と非難する。

確かに、裁判所が間違った判断をすることは少なくない。しかし、正しい場合も多い。自分の常識が裁判所で通らなかったことに不満を持つだけでは筋違いである。むしろ、逆に、法的なリスクをきちんと検討しなかったことによる自業自得である場合が多い。法的なリスクをきちんと検討して、リスクが大きければ、首長は政策を断念することも覚悟しなければならない。政治判断などは、危険この上ないから、してはならない。少なくとも、政治判断も、法律の枠内で行わなければならない。

他方、裁判所も、自らの法理論で判断し、行政法学や行政の実情に十分理解を示していないことが少なくない。「法と良心」に基づく客観的な裁判であるはずが、実は人の主観的感情による恣意的な裁判であることは少なくない。裁判の「独立」と「公正」はどこに行ったのか。「独立」と「独善」、「独断」はしばしば紙一重である。

本書は、司法が「独善」に陥ることなく公正な裁判を行うことを期待するとともに、これまで自治体法務がいかに不十分であったかを示し、これからは、法的なリスクを十分に読み込んだ戦略法務・法政策が一般的になることを期待するものである。

フィクション

〔お断り〕この小説で登場する人物は、すべて架空の人物です。舞台は政令指定都市、中部地方にある清都市です。名前通りになることを期待して付けられたものですが、現実は職員組合に支持された副市長出身の歴代の市長の市政私物化のために汚染されてしまいました。

実在の人物はいません。判決とか公になっているもの以外、つまり内部の話などはフィクションです。あの世の話と同じく、実際に見てきて、聞いてくることも不可能なことですので、すべて作り話です。ただ、腐敗した自治体内部や裁判所ではこのようなことも十分ありうるという程度の趣旨です。したがって、登場人物だと想定される人がいるのではないかと思っても、そうした人がここでの行動や発言をしているわけではありません。将来のことでは、こういうことになってほしいという願望が込められています。

登場人物

清都市長　神様信二朗

一九四二年生まれ。地元高校卒業。一九六一年清都市採用。勤務しながら、近くの私立大学の夜学で法律学を学ぶ。一九七〇年法学士。主要ポストを歴任し、助役（現在の副市長）を経て、二〇〇五年に、前市長から禅譲されて、市長に当選。市長になったら、職員は市長を神様並みに信じるしかないので、信二朗という名前は、親が息子の将来の出世を期待し、かつ予言して付けたものだろう。

同市のホームページによれば、市長の趣味は、柔道、貸し農園での野菜作り、汗を流すこと、信条は、「やると決めたら、とことんやる」ということになっている。

理論は強そうではないが、上司の受けはよく、天下の東都大学出身者や、理論派、正義派の職員を押さえ、超特急で栄進。その代わり、法学部で学んだはずだが、法的センスはゼロで、自分の常識が裁判所で通用すると思っている。おそらくは、学び方も悪かったが、教える方の法学も、つまらない、理屈だけの方角違いが多かったのだろう。

最初の市長選では、前市長の後継者として、他の候補者を打ち破ったが、有権者一五一、八三二票、投票率四〇％強、投票者約六万人強。得票は二万票強で、他の候補者は四人も立候補して分裂したため、勝利した。しかし、その得票は、他の候補者の総得票よりも少なかった。また、投票率も低く、組合など、固定票がある神様氏が絶対有利だった。

「柔道や野菜作りではなく、市民のために『汗を流してほしいな』、間違ったことも『やると決めたら、とことんやる』のではなく、『やる前に正しいかどうか、市民としっかり議論しないと、『住民参加の看板が泣く」というのが多くの市民の声。

神様は、市役所の中では、ルイ一四世を真似て、「朕は国家なり」という態度をとっているため、職員は戦々恐々して、風通しが悪い。革命でも起きれば、ギロチンだが、民主国家では安心だ。

住民側弁護士　元中山大学法学研究科教授・同大学名誉教授・現世界大学教授・東都大学法学博士「富士山家康」。

住民側に依頼されて、住民訴訟の深みにはまりこんでいる。行政法関係の書籍数・執筆数は前例にないほどの多数を誇る。六〇代の同業者の多くは学者引退と見られるほど、書物に登場しなくなったが、富士山は古稀になったのになお量産中で、国会図書館で検索（http://www.ndl.go.jp/）すると、今世紀に入ってから二〇〇本、イチロウ並みと言っている（もっとも、キャッチャーフライかもしれない！）。しかも、いずれも概説書ではなく、オリジナリティに富むもののつもりらしい。ドイツの師に学んだ法治国家と権利救済の実効性を実践しようとしているとともに、アメリカで学んだ、所詮この世を動かすのは金との認識で、金に絡む組織的腐敗を糾弾している。特に、個人としては高潔でも、組織に入ると腐ってしまう。それは政治だけではなく、官庁も、大企業も、さらには裁判所まで組織の腐敗病に罹患しているので、その切開手術が必要と認識している。

かれは、法体系・解釈論・立法論（政策法学）・裁判の場というように幅広く活躍してきたが、これを乗り越える同業者として、三〇代・四〇代の俊秀数人に期待している。

研究者として裁判所に提出した意見書でも、かなりの事件で勝訴に導いている。訴訟も、勝つべきものしか引き受けない。放火として支払いを拒否された保険金請求訴訟で日本一の大保険会社を相手に完勝したり、憲法訴訟で勝訴するなど、弁護士としても実績を積み、学者の研究会では君たちの研究の種を作っていると豪語している。しかし、裁判官がこんなにも（しかも、故意か、重過失かで）間違えるとは想定外で、司法改革といっても、肝心の人の改革を避けた（最高裁がうまく逃げた）のが大間違いだということを実感している。

そのため、訴訟の依頼があっても、「日本では明らかに勝つべき事件でも裁判所がねじ曲げることが頻繁に起きますから、訴訟における最大のリスク要因は裁判官です、それを覚悟してやりますか」と聞いてしまうので、裁判所は正義の鏡と信じてきた依頼者は仰天して、訴訟を断念する。行政訴訟は、隣の韓国、台湾と比較しても、人口比で数十分の一。日本の役所が正しい行政処分をしているわけではないという実感からすると、この原因は裁判所が歪んでいるため「中東の笛」だと、つくづく感じている。

富士山の名字は、日本一高く美しいということを祈って、先祖が付けたもので、その名を辱めないようにしようと努力している。世界遺産に登録されてなお気を引き締めている。家康の名前は、父親が、法治国家を実現して日本を統一しようとの趣旨で付けたもので、富士山は親父の位牌を見て育った。三つ子の魂百まで、親父に付けてもらった名前を実現することに人生をかけている。

もともと、役所から審議会、職員研修などもたくさん頼まれていたが、研究者の名前だけ借りて世間を誤魔化そうという役所の腐臭に嫌気がして、審議会を総撤退した。御用学者ではなく、役所の会議に入るのは至難のわざ、正しいことをいえば、ご説明があり、次回から頼まれないどころか、役所のブラックリストに載ってどの役所からも頼まれない。原発にも疑問を呈したので、エネルギー法の研究など、電力会社のおいしい仕事からも遠ざけられた。

そして、役所の問題点を見付けては批判して、解決策を講ずる論文を量産してきた。富士山が役所の方に歩いているときは、何か問題を見付けたのではないかと役所の職員は心配になるそうで、もともと富士山対策係長というポストがあるのではないかと影の噂があったくらいであるが、今は、富士山対策のポストは課長級になったようである。本当は課長級でも重荷なのだが。

副市長（以前は助役といった）　**鞄持三郎**

市長の鞄持ち。市長の言うことが法だと、三百代言の弁護士を探している。うまくいけば、次期市長ポストの禅譲を受けたいと願っている。

法規課長　**放棄四郎**

天下の東都大学で習った法律学と市役所のエセ法律学とのギャップをいかに埋めるかに悩んでいる。そこで、最近は法律問題をまじめに検討することを「放棄」している。先祖伝来の名字が意外と正しいことが実証されてしまった。元々、清都市では、法律のポストは係長クラスであったが、富士山の訴訟が増加して、対応するには課長クラスが必要とされて、放棄四郎も係長から課長に栄進した。このポストは、人呼んで、富士山対策課長という。栄進できたのだから、富士山は、我が市役所職員に害をなしているだけではない!!

湖地域事務所長　天秀一郎

弁護士富士山の大学教授時代のゼミ生。天才と秀才を合わせたような、同期生どころか清都市始まって以来の切れ者。天秀君と言われていたので、通称天秀に改名した。市民のための市政を実現したいと市長に直言して、局長・副市長の出世ルートから外される。

中山大学准教授　真骨五郎

努力信念の人。事なかれ主義の市政の中で、公営住宅を不法占拠する暴力団を追い出した。市政の大変な功労者なのに、煙たがられたのか、出世コースから外された。地元の中山大学大学院で学び直し、博士号を取って、准教授となり、監獄のような市役所を退職した。

監査委員　番犬太郎

元市の局長。建前は独立して判断する職務だが、市長の責任を追及する住民監査請求の防波堤になってくれと、市長から内々に頼まれて、監査委員に任じられる。住民監査請求で、市長の責任を問うたことはない。いかにして市長の責任を誤魔化すかだけに腐心している。

単に市長を助けよと命ずるだけで、あとは部下が文章を作る。おいしい仕事（常勤の監査委員の月給は手当別で六〇〇、〇〇〇円）なので、再任を期待している。

顧問弁護士　昇龍金太郎

昇龍は、朝青龍や小錦を思い起こさせる恰幅の良い男。もともと、暴力団に対峙して、追い返した功績で、市の顧問となり、また、市長選の事務総長などで市長に恩を売って、市から、たくさんの簡単だがおいしい仕事を受任している。特に、家賃の長期間滞納を理由とする公営住宅の明渡訴訟の案件を多数独占的に受注している。事務員に同じような書類を作らせれば名目的に裁判所に行くだけで、一件約一五万円、年間三〇〇〇万円にものぼる稼ぎになる（その代わり、そのほかの事件は比較的安く受任している）。弁護士として法理論の頭を使ったわけではない。癒着もよいところで、他の弁護士の垂涎の的である。そのうちこれも住民訴訟で糾弾されるだろう。名前通り、昇り龍のように上昇気流に乗って、大金持ちになった。

旧内務省出身全国レベル弁護士　全国股亮

旧内務省出身で、内務省所管の重要な法律に関する立派な注釈書を書き、公正な立場でいるはずであるが、弁護士として、自治体を顧客として全国を股にかけて走り回っている。自治体の不正も防御しなければならず、裁判では敵から自分の本を書証として提出され、一時は良心の呵責で悩んでいたが、弁護士は、正義よりも依頼者の利益が優先と割り切ることとした。

登場人物

市政刷新住民運動家　西郷英機
同　草の根強子
同　楽天竜馬

市民無視で、組合と裏で手を握って、乱脈財政を続けている清都市の姿勢に反発、住民運動を活発に展開している、ノンセクトの正義のグループ。それぞれ名前にふさわしい活躍をしている。西郷の英機という名前は、東條英機が首相として太平洋戦争を開始した頃、親が真似て付けた名前で、当時は流行ったものであった。戦後は小学校で名前故にいじめられた。

清都市都市整備公社理事長　忠犬ハチ公（忠犬八朗）

神様を信じて、信ずる者は救われるという通り局長まで出世し、都市整備公社の理事長という、楽で偉いポストにおさまる。

市長　駄馬神様　鞄持ちの次、禅譲を受けて市長になった。

市長　改革孝三　市民の支持を受けて、市長に当選し、市政の改革に努める。

具体例の解説　小説の中に出てくる一部の事件、例えば、日韓高速船訴訟、ぽんぽん山訴訟等については、第五部で具体的に解説している。

一　風雲急を告げる

◆市　長　室

副市長鞄持ち　「市長、外郭団体で監査請求が出ました。外郭団体に派遣職員の人件費分を補助したのが、公益的法人派遣法で定める無給派遣制度の脱法行為であるというのです。職員からの要望でやったのですし、目立たないので、誰も気が付くはずがなかったのですが、なぜ気が付いたのでしょう。本当に嗅覚の鋭い犬どもがいるものです。外郭団体に補助金を出せず、職員も給与付きでは出せないとなれば、外郭団体が潰れます。そうすると、外郭団体で、事業を展開して、株式会社と高く評価されてきたわが市のシステムが崩壊します。市長の支持基盤である組合もそっぽを向きます。」

神様市長　「同じ犬でも、監査委員に番犬を雇っているから、大丈夫だろ。監査請求

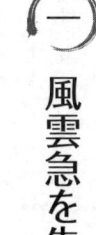

は、うまい名目を付けて却下してくれるはずだ。とにかく、番犬は、屁理屈を付けることには誰にも負けない大秀才だ。」

監査委員

監査委員は議会の同意を得て市長が任命する（地方自治法一九六条）。たいした仕事もないのに局長級だから、おいしいポスト。建前は市民のためであるが、実態は市長が責任を負わされないように監査する番犬。市長の弾よけ・防波堤。市長は、刃向かいそうなら、再任しないと匂わせている。地方自治法の立法者は、市長に任命された監査委員が市長に刃向かうはずだという前提で立法した馬鹿ばかりである。市長選で落ちた候補者が希望すれば監査委員になれるという制度にすればしっかり監査するというのが富士山教授説である。

鞄持ち　「いいえ。監査請求をいくら蹴っても、訴訟になります。監査請求は単なる儀式です。裁判官は独立していますので、番犬にはなりません。」

市　長「誰か、裁判所を騙せる有能な弁護士はいないか。」

鞄持ち「今、昇龍先生にお願いしています。暴力団を追い払ったくらいですし、百戦錬磨の先生ですから、大丈夫です。」

市　長「敵の弁護士は誰か。」

鞄持ち「これまで中山大学の教授で、今遠くの世界大学教授になった富士山弁護士です。」

市　長「なんだ、あいつか。よく知っているぞ。学者では有名だが、実務は初めての『ひよこ』ではないか。世間の裏や裁判官の心理は知らないはずだ。最強の弁護団を組んで、恐竜の足で踏むがごとく、踏みつぶせ。費用は税金で出すのだ、心配要らぬ。無限に出せ。」

平成一四年住民訴訟制度改悪

住民訴訟四号請求では、これまで首長等の個人を被告とする形式をとっていた。被告となった首長は勝訴すれば弁護士費用を自治体から返して貰えるものの、それまでは自己負担、敗訴すれば全部自分で負担しなければならなかった。建前では職員を使うこともできなかった。しかし、平成一四年改正で、被告は首長というポストとなったので、首長が公の立場で、税金で職員を使って訴訟を遂行する。敗訴しても、首長個人が費用を負担することはない。そこで、首長はとことん防戦でき、勝つ見込みゼロでもすべて上告できる。原告側は徒手空拳疲れ果てて、訴訟を断念することが増える。

この改正は、建前では、住民訴訟は首長の職務上の行為について争われているのだから、自治体として説明責任を果たす必要があるが、個人が被告ではそれもできないから、自治体の首長というポストを被告とするのが適切妥当であるというものであった。しかし、実質は、個人の違法行為を組織で防衛するためであるし、説明責任は制度改正後もおよそ果たされていない。訴訟となると、被告の首長はなんら説明しない。説明すると、馬脚を現すのでなるべく沈黙作戦をとる。したがって、これは改正ではなく改悪であった。

『納税者訴訟の研究』で法学博士となり地方自治法の専門家である偉い先生を初め、何人かの偉い大学の教授が、住民から指弾されている首長や、それを守ろうとする総務省関係者の本音の意向をくんで、説明責任を果たすものとして、この「改悪」を正当化したのは、誠に残念であった。根は善人なので、悪党に手玉にとられて、学者の魂を悪魔に売ったのではないかとの疑念がよぎる。原発でも明らかになったが、御用学者が国益を損ねている（本当の巨悪は、学者ではなく。官産政連合の利権団体だが）。
しかし、首長等が故意・過失（軽過失も含める。重過失に限るものではない）で違法に自治体に損害が与えれば責任を負わなければならない実体法に変わりはない。首長のポストがハイリスクであることは、程度は低くなったにしても、なお否定できないのである。

鞄持ち　「富士山弁護士の家には、中国で彫らせた、木曽ヒバの大きな龍と鳳凰の欄間を飾っていて、テニスコートでは、日光東照宮で買ってきた龍の帽子をかぶっているとかで、ときどき近くの大龍寺にお参りしているともいい、通称、大龍と称していて、ブログには昇り龍の絵を載せて、意気盛んですから、ひよことといっても、昇龍先生に対し、龍同士の互角の戦いを挑んでくるのではないかと思われます。恐竜にも負けないかもしれません。最大の資金援助をお願いします。」

放棄課長　「いや、住民側には金がないし、富士山弁護士も遠方の大学教授を兼ねていて、学術著作の量産で多忙ですから、ただ働きで昇龍弁護士と対等に戦えるわけはないと思いますが。」

神様市長　「住民訴訟制度平成一四年改正について、富士山は改悪と言っているが、本当に良い改正だった。税金で身を守ってもらえるのだから。わが市でもたくさんの御用学者を雇っているが、学者など、見識もなく、わが市のバスの運転手以下の安い給料しかもらえないのだから、わずかな委員会手当でも尻尾を振って、いうことを聞いてくれる。しかも、大学では、研究、教育の外に、社会貢献という評価項目があるが、御用学者をしていると、市民に害をなしても、社会貢献したことになっている。住民訴訟のポイントとなる情報の公開請求について住民が中部高裁で文書提出命令を取り、わが市が最高裁に許可抗告を申し立てたが負けたコンペ事件のときでも、住民が同時に申請していた情報公開拒否決定への異議申立てで、最高裁の決定前に情報を出せという住民の主張を、審理が難しいと称して、引き延ばし、最高裁の決定が出てもしばらく出さないようにしてもらったことがある。これでも、社会貢献だ。御用学者万歳!!」

二　住民側会議、住民投票、住民訴訟

市政刷新住民運動家　西郷英機、草の根強子、楽天竜馬が集まった。

草の根「市民の生活が苦しいのに、職員だけ、外郭団体の簡単な仕事で年俸一〇〇〇万近くももらっているなんて、とんでもない。神様市長は組合を公金で買収して当選しているようなものだ。もっと市民の福祉を重視すべきだ。」

楽　天「本当に、清都市は、名前と反対に、汚濁市だ。不正な金に汚染されている。」

草の根「では、住民投票で、断固市長を屈服させましょう。」

西　郷「住民投票で圧勝するのだ。これで市長も、市民の福祉を考えてくれるだろう。」

大変な苦労の結果、住民投票条例制定請求の票集めができた（地方自治法

七四条）。しかし、大政翼賛会的な市議会は、住民投票で要求された直接請求条例を否決した。

市議会の陰の声：市民が反対しようと、我々は市長の利権のおこぼれに預かっている大政翼賛会だ。市長の方針を邪魔させてはならない。

草の根　「こんなにたくさんの市民の声を圧殺するのは専制政治だ。政治はダメだ。裁判所なら、正義の味方をしてくれるだろう。訴訟で頑張ろう。たくさんの住民が応援してくれるはずだ。」

楽　天　「市は、こうしたムダを子孫に付け回しするだけだ。裁判で事業仕分けをしよう。こうなれば、市長が降参するまで、訴訟を起こそう。」

西　郷　「富士山先生とも相談したら、大枠次のようなことで、違法だし、杜撰すぎて、市長には過失がある。これで生じた市の損失は市民の損失だ。そんな違法支出をする余裕があるなら、市民の福祉に回すべきだということでした。細かい理論構成は、聞くところによると、美濃部達吉の再来との評価があり、日本一の行政法理論家との評判のある、富士山のような富士山先生に任せて、我々は、資料を集め、又、市民の理解を得られるように運動しよう。

次に富士山先生の説をまとめます。

外郭団体に職員を派遣する際、無給としたのは、公益的法人派遣法に従っているが、人件費を別途補助している。これは脱法行為だ。

大口の市有地売却のさいに一般競争入札に付すことをせずに、コンペ方式という、いかがわしい査定をして、特定の事業者に随意契約で三二億円も安く売ってしまったのは、地方自治法違反だ。

清都市は、空港区域の外に、民間機が発着できる土地を造成し、民間機はそこからお客を乗せて地上を走行し、空港内に入り、滑走路から飛び立つプランを立てた。そして、この土地を売って、空港全体の造成費に充てるという、一見名案だった。しかし、これは誘導路やエプロンは空港の中に入れなければならず、それは市営空港である以上は市が所有しなければならないとする航空法違反だからできるわけがなく、そのための土地造成費三〇〇億円は違法な支出だ。

市の職員が職務をさぼって遊びに行くのに、一生に一八万円もの旅行券を支給している。これは職務専念義務違反、福祉の名目では出せない、条例に規定のない給与で、違法だ。

互助会に公金を出して、市の職員を不当に優遇するのは、福祉を超えて、同じく違法だ。

ＯＢ議員に地下鉄・バス市内全線乗れるパスを無料で支給しているが、議員は落ちればただの人だ。優遇する理由がない。

これらは全部市長は分かってやっていたのだから故意だ。少なくとも、天秀氏のようなまともな部下に検討させれば違法との回答が来たはずだから、過失があることは明らかだ。

そんな金があるなら、市民に回せ。」

楽天「では、今日は裁判所に訴状を提出しに行こう。清都地裁前で行進する。そのあと、訴状を提出し、マスコミにも丁寧に説明しよう。」

三　怒濤のごとき訴訟提起

1　重役会議＝戦略会議

――市長、副市長、主要局長の集まる市の最高会議が開かれた。俗称重役会議である。

神様市長　「昇龍先生、いかがですか。」

昇龍顧問弁護士　「理論的に言って、これは勝てません。裁判所に理解されれば終わりです。まともにやっても勝てない場合には、裁判所を騙すしかありません。その作戦を申しますと、これまでの経験では、複雑にして、論点が分からないようにし、住民の主張をはぐらかして、勝ったことが何度もあります。幸いにして、裁判所には、行政を勝たせないとまずいという雰囲気があります。今の清都地方裁判所民事二部（行政部）は、役所寄りです。何か言えば、尻尾を出したとして攻撃されます。沈黙作戦で行こうと思います。そうしたら、屁理屈で勝たしてもらえる可能性があります。

これまでもラッキーなことが何度もありました。高裁判事は出世頭ですから、体制的な体質です。
また、できるだけ引き延ばして、住民が疲れるのを待ちましょう。敵は素人です。『ひよこ』は、すぐ疲れるでしょう。
それに敵の弁護士は一人で、住民訴訟だけでは、飯が食えないはずですから、そんなにたくさんやっては来ないいし、熱心にもやらないでしょう。義理で引き受けただけではないのですか。
弁護団を大勢組んで、次回期日の指定の際には、交互に『差し支え』と発言しましょう。裁判所は厳しいことを言わないで、期日の指定は先にしてくれます。裁判所も忙しいいし、自分のことではないので、先延ばしする名目が立つと嬉しいのです。」

神様市長　「では、できるだけ弁護士費用を出すように。」

鞄持ち　「はい。了解しました。」

「差し支え」は都合が悪いことを意味する裁判での隠語。

重役（局長ら）

正論を吐くと飛ばされ、周辺＝出先を回る人工衛星にされる。逆鱗に触れまいと、皆戦々恐々としている。他方、湖地域事務所長天秀氏は、出世コースから外された代わりに、このような席に同席しないで済んでほっとしている。

2 裁判官をうまく騙す

(一) 互助会訴訟の法廷で

——市の職員が二〇人も傍聴に来た。平成一四年住民訴訟制度改正で、職務として出廷できるので、給料を削られたり休暇を取ったりしていないという。しかし、法廷でやることはない。たまに弁護士が裁判官に質問されて分からないときに市の職員に聞くことがあるが、それにしてもこんなにたくさんは不要である。しかも、市の弁護士は裁判官から質問されると、「検討して次回答えます」という。市の役人がこんなに出てくると、市役所の仕事が止まるのではないかと思うが、本当はどうせ閑で、それで仕事が夜までかかれば残業手当が付くのだ。ああ、幸せ!!

富士山弁護士　「互助会には市からの補助金と職員の掛金が五：五で入っている。そのいずれを何に使うかのルールはない。金に色は付いていないから、支出も五：五の割合でなされているとみなすべきだ。職員が退職するときに出す脱退金は、実態は第二退職金だ。その原資の半分は税金だから、それは違法だ。」

昇龍弁護士　「確かに市の公金を互助会に支出しているが、それは法的に許される方に使っている。明示のルールはないが、脱退金の原資は職員の掛金だ。したがって、市の支出は違法ではない。」

裁判所の判決は、「互助会が、市からもらった金は、職員のレクリエーション費用に、脱退金は、掛け金を充当したと言っているから信じましょう」というものであった。

（二）　中央空港訴訟で

富士山弁護士　「民間機が走行する誘導路、エプロンは空港であるから、空港内に入れなければならず、それは民間に売却できない。」

――しかし、裁判所は、原告の主張は「ことさらにこじつけた」もので、民間機が地上走行する場所は誘導路ではなく、通路であり、飛行機が駐機するのはエプロンではなく、倉庫だなどと、「ことさらにこじつけて」清都市を勝たせた。富士山は、この訴訟を年度を替えて三回代理して丁寧に説明したが、合計三〇名以上の裁判官は、類似の誤解をした。最高裁は、「最高」の判断をしてほしいとの市民みんなの願いもむなしく、何ら理由のつかない三行半の決定を下した。「不縁に付き離婚いたす。」よって件のごとし。」というよりも理由がついてないのである。判決に理由を付けるとの訴訟法の大原則（民訴法二五三、二九七、三一三条）に最高裁が恒常的に違反しているのだった。

しかも、民間機の小型ジェット機用地の需要などあるわけがなく、その後もこの土地は売れず、空港経営の重荷になっている。しかし、誰も責任をとらない。

(三)　市立工業高校跡地コンペ方式廉価売却訴訟で

――富士山弁護士は大要次の準備書面を提出した。清都市は、都心にある市立工業高校を移転させた跡地を民間資本で開発しようと、コンペ方式で採点し、一番高い点数を提示した企業に売ることとした。最高額一一六億円の札を入れた業者が落ち、最下位の八四億円を付けた業者が落札した。その差は三二億円。

このコンペでは、審査委員は、学識経験者として、①公認会計士・税理士、②工学研究科助教授、③弁護士、④経営学部教授、⑤不動産鑑定士、⑥工学部教授、ほか三名の市職員であって、都市計画・建築・不動産、会計・経営、法律・商業・行政というバランスを取っている。採点項目は、一　施設内容（二〇点）、二　建築・外構計画（一〇点）、三　事業遂行能力（一〇点）、四全体評価（一〇点）である。各審査委員はこの全項目について、平等に採点をした。

また、地方公共団体の取引においては、競争入札が原則であり、随意契約は政令で定める場合に限り許される（地方自治法二三四条二項）。そして、地方自治法施行令一六七条の二は、随意契約が許される場合を、

一号、売買、貸借、請負その他の契約の場合には、その予定価格が一定以下である場合と、

二号、①「不動産の買入れ又は借入れ、普通地方公共団体が必要とする物品の製造、修理、加工又は納入に使用させるため必要な物品の売払いその他の契約で②その性質又は目的が競争入札に適しないものをするとき。」としている。

清都市は、コンペ方式による不動産の売却を肯定する法的根拠として、前記の一六七条の二第一項第二号の「その他の契約」で読むというものである。そんな読み方は許されない。

富士山弁護士　「清都市の解釈は、文理上も実質的にも明白な誤りである。

まず、地方自治法施行令一六七条の二の条文では、不動産の『売買』と『買入れ』という言葉が区別されている。したがって、これは意識的に使い分けられていると解される。この一号では、売買である以上は、買入れでも売却でも、競争入札という手間をかけることなく、随意契約が許されることとされているが、それは予定価格が一定額以下に限られている。少額の売買なら、いちいち競争入札というコストをかける価値がないという考えによる。逆に、高額の売買において随意契約をすることは許されない。

　不動産の買入れの場合、二号を見れば、②の要件を満たせば、予定価格が一定額以下という制約なしに随意契約をすることが許される。

　しかし、不動産の売却の場合には、この二号の規定の適用がないので、②の要件を満たそうと、随意契約にすることはできない。『その他の』とは、普通地方公共団体が必要とする物品の製造、修理、加工又は納入に使用させるため必要な物品の売払いその他の契約をいうものであって、『不動産の買入れ又は借入れ』の反対の売却まで『その他の』で読むことはできない。

　これがこの条文の素直な読み方である。

　審査委員は専門が多様なのに、全ての項目について審査する。これでは、国語の先生が、英語も日本史も物理も採点すると同じで、まっとうな採点ができない欠陥ルールであり、違法である。」

――裁判所の判決は、清都市の言うように「その他の」で読めるし、専門家は何でも分かるというものであった。
そして、富士山弁護士は上告したが、最高裁は今度も三行半の決定を下した。ああ、日本には「最高裁」がない!!

(四) 作戦通りの勝利

神様市長　「いや、良くやってくれた。作戦通りだ。本当に昇龍顧問の読み通り、裁判所は、屁理屈を捏ねても、我々の味方だ。富士山は、裁判所は腐っていると言っているが、腐っても鯛だ。我々には、裁判所も、腐ってくれる方がありがたい。富士山は、市長破産などと言っているらしいが、皆さんのおかげで助かった。心から感謝する。弁護士技術は、理論ではなく、作戦が肝心だ。市の顧問は永久にお願いしたい。」

昇龍弁護士　「裁判官は世間知らずで、役所を負かせる勇気がないのでしょう。「ことさらにこじつけた」地裁裁判長でも（いや、だからこそ）、その後は高裁裁判長に栄進した。あるいは、こうしてわれわれを勝たせ、住民をねじ伏せた功績かも。我々はねじ曲げ裁判官の出世に貢献したともいえるのです。」

3 旅行券裁判

放棄課長「市長、今度は永年勤続旅行券が違法だと訴えられました。」
神様市長「職員の福祉事業として、近隣市はみなやっている。民間でもやっている。なぜ違法なのだ。資料を集めよ。」
放棄課長「はい、努力します。」

放棄課長の独り言

しかし、自分は、秀才の集まりといわれる東都大学法学部を出たが、大教室で教科書の棒読み授業で習っただけなので、役所の執務集しか知らない。判例は判例集に載っているので探せるが、その分析の仕方を習ったことはない。事実からしっかり読んで、その判例の位置づけをするなどをしたことはない。検索して論文を集める方法も分からない。論文を集めたとしても、それをしっかり読んで、整理する方法は知らない。清都市は法的には無風地帯で、文句を言う住民に対しては、「法律で決まっている、県が、本省がこういっている」といって追い返してきたので、まともな法解釈をする必要がなかった。法規課はすでに勉強の方法を放棄しているのだ。富士山の言う、法治国家ではなく、「放置」国家になっている。そこで、放棄課長は困って、真骨准教授の研究室を訪ねて相談した。

放棄課長　「真骨さん。ご無沙汰しています。先輩は、法学博士を取って、准教授になっておられるそうで、おめでとうございます。ところで、困ったことが起きています。富士山教授が弁護士になって、我が社に牙をむいているのです。なんとか取りなして貰えませんか。」

真骨准教授　「そうした法学の問題を私に頼むのは、方角違いですよ。大体、市が腐敗しているからこんなことになるのです。まずは、市の内部で、組合とか議員との癒着を徹底的になくして、本当に市民のために仕事をする人を出世させることが肝心です。このままでは、富士山先生の言うとおり、『市長破産』ですよ。本当に『懲りない面々』です。これを市長にお伝えください。」

放棄課長　「鞄持ち副市長、真骨さんはまさに名前通りです。富士山弁護士は手強いです。片手間にやっているのではなく、市民のために、清都市の腐敗を摘出する、それは全国に波及すると、粉骨砕身、徹底的にやるつもりのようです。

これは、行政法に疎い裁判官にも、説明を受ければ分かる簡単な事案ですから、ごまかしではダメです。全国レベルの全国股亮先生に頼んでください。」

鞄持ち　「市長、そうですね。昇龍先生だけでは心細いかもしれません。」

神様市長　「昇龍先生のご機嫌を損じないように、気を付けて話してみろ。」

鞄持ち　「昇龍先生、今度の住民訴訟は、簡単には裁判所を騙せるとも思えません。先生を信頼してはおりますが、先生もご多忙ですし、全国的に情報を持っている全国股亮先生にお願いするのもいいのではないかと思いますが、先生のご意見はいかがでしょうか。」

昇龍弁護士　「一緒にやれれば力強いね。」

鞄持ち　「放棄課長　上京して、全国股亮弁護士を訪ねて、依頼してくれ。」

放棄課長　「全国先生、これが『ひよこ』の準備書面です。外郭団体に人件費分を補助しているのは、給与付き職員派遣を原則禁止している公益的法人派遣法の脱法行為と主張されています。他の都市でもやっているといっても、万引で捕まって友達も万引きしているといっても無罪にならないのと同じ、と反論されています。先生の御本でも同じ趣旨です。

しかも、企業の内部統制といえば、具体的に違法行為を阻止できたかというレベルではなく、リスクに応じた内部の統制システムを構築する義務があり、それを怠れば違法・過失があるとされている（大和銀行事件大阪地判平成一二年九月二〇日（判タ一〇四七号八六頁）。神戸製鋼事件　神戸地裁平成一四年四月五日和解　旬刊商事法務一六二六号五二頁（二〇〇二年））と主張されています。

市長が、内部統制システムを構築し、違法行為をしないように調査せよと、部下に指示すれば、他市がどう扱っていようと、内務省が曖昧な言い方をしようと、ことが自治事務なのであるから、もっと自分で判断するはずであると言われています。

そして、直接払えば違法なのであるから、補助金の形で払えば脱法行為であることは明らかで、明白に誤りである。そんな論法を使えば脱法行為は世の中になくなるというのです。

しかし、これは組合の支持をとるための市長の（市民には教えない裏の）重要な戦略なのです。なんとか、うまく反論できないでしょうか。是非清都市市長にお力をお貸しください。」

全国弁護士　「『ひよこ』というが、富士山は、わが内務省も簡単には無視できない有力学者なのですよ。ひよこでも、鶏ではなく軍鶏かもしれません。それが住民側についたのでは困ったものです。私はその説に賛成したくなりました。

しかし、内務省もはっきりしたことは言っていないし、弁護士になったのですから、まあ、ご縁を契機に何とか、屁理屈でも、頑張りましょう。私のところには、訴訟を遅延させ、屁理屈をこねて、裁判を混乱させ、勝訴するマル秘のマニュアルがあります。とにかく原案は職員と地元弁護士で書いてください。ついては、弁護士報酬ですが、この事件は反論が難しいから、安い報酬ではかなわないのですよ。着手金一〇〇万円で。成功報酬は、蹴飛ばした額の一〇％で。もちろん、消費税は別ですよ。」

放棄課長　「我々は、地元の先生にはそんなに出していないのですが。」

全国弁護士　「地元の先生は普段からたくさん依頼されているから、この訴訟で少し安くても採算が取れるのです。富士山の論文に書いてあったのですが、昇龍先生は年間三、〇〇〇万円もの簡単な仕事（公営住宅の明渡し）をもらっているというではないですか。私はこれだけスポットで依頼されているから、審級毎一〇〇万円でも割りが悪いのです。それに富士山相手ではまともに考えると勝てそうにないから、成功報酬は当てにならないし。とにかく書面はそちらで下書きして。私も見るから。」

放棄課長　「旅行券訴訟でも、仕事もないのに支給される旅行券は、福祉ではなく、給与で、条例で定めがないのは違法だと訴えられています。ＯＢ議員の優遇も、社会的な儀礼の範囲というのが当方の主張ですが、議員は落ちればただの人と反論されています。

高速船訴訟では、新しくできた中央空港へのアクセス改善のために、清都市から湖を横切る高速艇を走らせましたが、大赤字となりました。そこで、起死回生のために更に補助金を出したら、日韓高速船訴訟と同じで、違法過失ありと訴えられています。テーマパーク「清都市の未来」、市民銀行も大赤字で、税金で埋めなければなりませんが、下手すると、住民訴訟で負けます。

これらも宜しくご助力をお願いします。」

全国弁護士　「同じような案件は全国にあるね。わが事務所は、内務省の協力もあって詳しいから、貴市が泥船になって沈まないように協力しましょう。ただ、案件によっては、これまでの私の説と矛盾して、表に出れないものもあります。それについては、裏でお教えします。」

放棄課長　「泥船ですか。わが市は、豪華客船だと思って、みんな市に採用されて、一生安泰だと思っていますが。わが市は地元の一流企業ですから、東京の一流会社に行った友人から見れば都落ちですが、地元の庶民から見れば、垂涎の的ですよ。もともと株式会社清都市とかおだてられ、外郭団体もたくさん作って、市の職員は、固有職員の上のポストに座って、肩で風切って歩いたものです。県と違って、国からの天下り役人も拒否してきました。独立王国です。市の職員が市の外れに行くときはいつ

も タクシーを使いました。市役所前にはタクシーが並んでましたよ。」

全国弁護士「いや、富士山は、清都市は豪華客船でも、タイタニックだ、未来の世代に負担を先送りして、今の世代が極楽の生活を楽しんでいる、そのうち氷山に衝突して沈没するといっているよ。

氷山とは、富士山自身のことだろうか。そうなれば、清都市でもリストラ、給料の大幅削減、地獄の生活が始まるよ。

なんとか、氷山にぶつからないように、回避しなければならないね。」

その後、情報公開訴訟の結果、昇龍事務所は、一件一審だけで着手金五〇万から一〇〇万、高裁でも同じ、さらに成功報酬をもらっていたことが分かった。しかも、地元の昇龍だけでは心配だと頼んだ全国股亮弁護士には着手金を一〇〇万円も払っていた。わずか一回の簡単な書面で。

——放棄課長が市役所に帰って報告する。

放棄課長「全国弁護士は頑張ってくれます。」

神様市長「それはよかった。気が付いたのだが、ワシは一度も判を押していない。判を押したのは、課長や局長ではないか。なぜワシの責任になるのだ。それに、会計管理者は支出命令が適法かどうかをしっかり審査するのが仕事ではなかったのか。何を怠けている。」

放棄課長「申し訳ありません。それは専決権限の委任というもので、監督義務を怠っていれば、市長の責任だというのです。」

神様市長「それなら、ワシはしっかり監督していた。ぼんやりしていたのは部下だということを立証してくれ。会計管理者ならどうなのだ。」

放棄課長「そんなことを言っても、部下は市長の方針に従っていたのですし、会計管理者に責任があると言っても、市長の責任が消えるものではありません。連帯責任になるだけです。それに、会計管理者がしっかり仕事して、市長のやることは違法だと言ったら、どうなりますか。市長の逆鱗に触れて、天下り先もなくやめなければならないと戦々恐々していますから、思考停止していますよ。

まあ、屁理屈をこねて頑張るように昇龍先生と全国先生に頼みますが。」

――しかし、旅行券、ＯＢ議員、互助会の裁判では、違法である上、市長は監督を怠っている過失があることが認められ、合計約一億円の賠償責任を負うこととされた。

陰の声

市長は、責任を部下になすりつけるつもりだ。課長に昇進したらやばいぞと、職員は昇進しても、嬉しくないという気分が蔓延しだした。富士山のホームページにも、「課長、部長、昇進おめでたく」という皮肉が載っていた。

市長や公営企業管理者などは、課長等の部下が違法な専決を行わないように監督する職責を有するところ、自ら支出を決定しているため、そのような監督を行わないどころか、違法な専決を期待して、実行させた場合、自ら支出命令を発していないという理由で支出命令に関する責任を免れることはできない（最判平成三・一二・二〇判時一四一一号二七頁）。

地方自治法二三二条の四　会計管理者の審査義務

「会計管理者は、普通地方公共団体の長の政令で定めるところによる命令がなければ、支出をすることができない。
二　会計管理者は、前項の命令を受けた場合においても、当該支出負担行為が法令又は予算に違反していないこと及び当該支出負担行為に係る債務が確定していることを確認したうえでなければ、支出をすることができない。」

四　御前会議

神様市長　「連戦連敗だ、終戦にしたい。どうしたら傷つくことなく終戦できるのか。全面降伏はいやだ。

いったい、なぜこんなことになったのか。昇龍は責任を取れ。

だいたい、富士山は大学を辞めてから弁護士になると宣言していたというではないか。彼は、日本は放置国家だ、『法治国家』にすると、授業でも教え、役所の審議会でも筋を通す人物らしい。二チャンネルでは、学者番付で、横綱の上の皇帝とランクされていたらしいし、『空港問題を抱える市長どうぞ、市役所は戦々恐々』と出ていたという話だ。なぜ、三顧の礼で、富士山を顧問に迎えなかったのか。口封じこそが最大の戦略だ。」

鞄持ち　「そうした発想は敵なしのわが市の辞書にはないので、頭が回りませんでした。」

放棄課長　「いや、富士山は、昔は市の審議会に出ていたのですが、いつの頃からか、縁が切れ、市の職員研修もお願いしておりません。『反清都市』と感じたので、外す方が無難と思っていました。市の方からも縁を切ったのではないでしょうか。そうすれば、学者など、せいぜい、犬の遠吠えしかできませんから。」

神様市長　「馬鹿、アホ、間抜け!!縁がなくなったやつほど危険ではないか。市の方が追い出したのだろ。そういうやつは、野良犬、一匹狼、猪突猛進のイノシシ並みで、何時反撃してくるか、分からないではないか。危険な学者ほど、甘い汁を吸わせて囲い込むのが、学者操縦術だということが分かっていないようでは、役人失格だ。だいたい、戦争というのは、戦場で武力で勝つのではなく、その前に敵に寝返りさせるのが肝心の戦術だ。徳川が豊臣を滅ぼせたのも、小早川を裏切らせた（今もその末裔がいるようだ）ことによるし、第二次世界大戦でも、ソ連に日ロ平和条約を破ってアメリカ側に参戦させたのがルーズベルトの作戦だった。いったい、日本史や世界史を何のために習ったのか。いつ誰がどんな戦争をしたなどと覚えても、糞の役にも立たない。もっとも、これはワシの説ではなく、富士山の授業を聞いた職員から聞いたが、かれがいつも言っていることらしい。お前ら、リスクマネジメントがなっていない。俺にだけ責任をかぶせて、他は誰も責任なし。こんな馬鹿なことがあるのか。みんなで決めたのだぞ。責任を取れ。」

昇龍弁護士　「いや、市が敗訴しそうな事件で、富士山の意見書をもらって、勝ったことがあります。水道局の開発負担金が違法という訴訟で、もう少しで負けるところでした。負けたら、時効にかからない一〇年分で一〇〇〇億円近く返還しなければなりません。水道局が倒産する寸前でした。彼はわが市の水道局の命の恩人だったのです。安い意見書で頼んだのがまずかったのかもしれません。あのとき、たくさん出して、富士山先生のおかげで助かった、次も市から頼む、大学を辞めたら市の顧問にと言っておけば良かったのだと、後悔しています。ただ、そんなことをすれば、私の稼ぎが減りますし。しかし、大学を辞めたとたんに、趣味ならともかく、こんなにもたくさん本気でやってくる弁護士は前例にないので、想定外でした。いつの間にか、住民側に取り込まれてしまったようです。

住民側に立っても、儲からないのですから、かれは世渡りが下手な点では馬鹿ですね。

自治体側に付けば、富士山ほどであれば会国の自治体の顧問の仕事がたくさん来るはずで、大儲けできたのに下手に「曲ったことは大嫌い」などと三つ子の魂を定年まで引きずったのが馬鹿なのでしょう。彼は正しいことをする自治体を支援すると言っているが、案外頼みに来ないのは、どこの首長も建前はともかく本当は腐っているからでしょう。

そういえば、彼は馬年生まれで、玄関には奈良公園を走行中車でぶつけたので自宅に持ち帰って剥製にしたと称している鹿を飾っているとか。シカたのないだじゃれを言っている。まさに彼にふさわしいのではありませんか。彼は馬刺しと鹿差しを合わせて食べて「うま」かったとも言っているそうですから、脳みそは馬と鹿の肉でできているはずです。
これから、自治体の顧問など、甘い汁があると匂わせて、何とか寝返らせる方法はないでしょうか。」

放棄課長　「しかし、この段階になれば、わが市が敵の弁護士を買収するのは違法ですし。それを先にしなかったわれわれが馬鹿かもしれません。」

鞄持ち副市長　「敗訴したので、市長は一億円も負担しなければなりませんが、良い知恵があります。奉加帳を回します。市長に逆らうやつはいませんから、すぐ集まります。」

奈良公園の鹿は、神社の所有物ではない（無主物）なので、殺しても器物損壊罪にならない。天然記念物なので、故意に殺せば文化財保護法一九六条により処罰されるが、間違って車で轢いただけでは、同法違反にはならない。

――奉加帳を回すと、早速大金が集まった。

これまでの訴訟は、いずれも肩代わり支払いですんだ。

職員は、募金に応じないとどこに飛ばされるかわからないと、みんな率先して募金に応じた。まさに「面従腹背」である。

市長だからこそ権力を持っていて、職員にも寄付させることができる。ただの人になったら誰も寄付してくれない。ポンポン山訴訟で負け、二六億円強の支払を命じられて、失意のうちに亡くなった哀れな元京都市長と同じになる運命だ（遺族が限定承認をして、八〇〇〇万円払ったという）。権力を失うと、誰も守ってくれない。

富士山の裏の声　『こら、贈与税は払ったか？重加算税は？脱税犯にならないのか？』
神様市長「おかげさまで、無傷ですんだ。これからも敗訴したらよろしく頼むぞ。」
鞄持ち「しかし、外郭団体訴訟は、何十億円です。奉加帳では追いつきません。」
神様市長「保険はないのか。課長、調べよ。」
放棄課長「調べました。ご報告します。重役保険はありますが、どこの保険会社にも、市長保険はありません。」

神様市長　「なぜなのだ。」

放棄課長　「保険会社に聞くと、保険はリスクを平準化するもので、リスクが読めなければ制度化できません。どの自治体が違法行為をしていて責任を問われるかの情報がないので、うっかり市長保険を創ると、やばい市長だけが加入する。酔っぱらいやガン患者に保険をかけるようなものと言われてしまいました。経済学では情報の非対称性というそうです。しかも、こんなに事件になってから入れる保険がないのは、ガンになってから入れるガン保険がないのと同じです。」

神様市長　「何という言い方だ。ワシを酔っぱらいやガン患者にするのか。」

放棄課長　「すみません、そういわれましたので。富士山の論文にもどこかでそう書いてありました。

あ、これで、また出世から外されるか。宮仕えは苦難の連続だ。」

五　権利放棄議決

放棄課長「外郭団体訴訟では、勝つと思っていましたが、雲行きが危ないです。五五億円の判決を食らいそうです。」

神様市長「どうすればよいか。このままでは破産だ。ポンポン山で負けた京都市長の二の舞だ。ああ、神様、仏様!!どうぞお助けください。」大龍寺にお参りした。

鞄持ち「調べました。議会に損害賠償請求権を放棄してもらえばよいのです。そうすれば住民に権利がなく、当方が勝訴します。東京高裁で何度もそうした判決が出ているので、これで住民訴訟はうっちゃりです。ウルトラCです。住民訴訟制度を死刑にできます。

議会に画策してきました。市長与党の政党は応じました。日頃の餌が効果を生じています。しかし、自称市民派議員が反対しています。」

神様市長「それはでかした。逆転ホーマーだ!」

市議会総務財政委員会　市民の「陳情」の席で、西郷、富士山が「陳情」した。

富士山　「権利放棄は、市民の金を代表というだけで勝手に捨てることで、市民の代表というだけでは許されないことである。そんなことまで市民は信託していない。むしろ、これは背任罪に等しい。」

神様市長　「多数はこっちだ。市民派議員からの質問はうまくはぐらかせ。」

鞄持ち副市長　「では答弁致します。地方自治法九六条一項一〇項は『権利の放棄』は議会の権限と定めておりますので、皆様の良識に任されています。東京高裁でも何度も認められています。それに、外郭団体は市民サービスに寄与していますので、潰すわけには参りません。そこに派遣した職員は、市民のために働いていますので、市から給料を払うのは当然で、今回は単なる手続ミスに過ぎず、市には実損はありません。外郭団体に返金させることは、大混乱を生じます。したがって、権利を放棄して頂ければと存じます。」

議会の様子

市民派の議員は、権利放棄は許されないと反対の論陣を張った。しかし、多数に無勢で、権利放棄は賛成多数で決まった。ただ、富士山弁護士は、権利放棄は違法であり、市長が賠償しなければならないが、賛成した議員も市への不法行為の共同行為者であるから、それなら賛成した議員に賠償を請求する訴訟を起こそうとして、記名投票を求めた。これは市民派議員の尽力で成り立った。したがって、権利放棄に賛成したものの、富士山説が通れば大変と、賛成した議員は戦々恐々であった。

「陳情」議会で住民が意見を述べるのを「陳情」と言っている。選挙の時以外は住民を見下す議員の傲慢な態度が現れている。ここで口頭陳述するのは、「こうちん」という。市役所内の業界用語だが、「工賃」なのか、いったいなんだか、すぐには分からなかったのが富士山だ。「口陳」とのことである。市民向けに、業界用語を用いているのは、市民の目線が全くない証拠である。

ついでに、公共事業の「進捗率」六〇%というとき、たとえば、一〇〇〇メートルの道路拡幅事業で、六〇〇メートル進んだかと思うと、実は予算の六〇%を消化したという意味で、事業自体は四〇%しか進んでいないということも少なくない。庶民を騙す役人特有の魔術用語である。

――中部高裁で、全国自治体注視の裁判

昇龍弁護士・全国弁護士　「議会で権利放棄をしたから、市には、市長個人、外郭団体に対する権利はなく、先例に倣って、住民訴訟は目的を失ったから棄却されるべきだ。」

両弁護士は、意気揚々としているかに見えた。

裁判長　「では、富士山弁護士のご意見は?」

富士山弁護士　「清都市長は、司法無視、法律無視をしており、放棄の公益性の立証はできていません。つまり、外郭団体に人件費を補助することは、有給で派遣してはならないとする公益的法人派遣法の脱法行為で、法律無視であり、議会が放棄を議決できるというのは、市長が、市民の財産を杜撰に放棄しないかを監視するためで、人の金を自由に放棄できるわけではないですから、合理的な理由なく勝手に放棄できると読むのは、明白な誤読です。市長や外郭団体を助けるための放棄にはおよそ公益性がありません。被告の市は、違法とされたのは、単なる手続ミスで、実体的には違法ではないと主張していますが、市の業務に従事しない職員に市から給与を支給することは、職務専念義務違反、ノーワークノーペイの原則に違反するもので、実体的な違法です。この権利放棄議決は、このような法制度を無視するものであります。速やかに、権利放棄を無効と判断して、請求通り市長個人と外郭団体に支払を命じてください。」

裁判長　「では、清都市長は、市長個人と外郭団体を分けて、それぞれ放棄の必要性・合理性を説明せよ。」

次回法廷

昇龍・全国弁護士　「市民の信託を得た議会が良識ある判断をしたのですから、放棄の理由があります。」

富士山弁護士　「市民の金を議会の議員がなぜ捨てることができるのか、市民は市民の財産を捨てることまで信託していません。そんな判断は良識ある判断ではありません。そんなことでは、市長への請求権放棄の必要・合理性を説明できていません。第一、市長は自分への債権を自分で放棄するようにという議案を作っています。そんな双方代理は許されません。」

◆中部高裁裁判長室にて

主任の判事　「理論では、住民側が正しいでしょう。しかし、東京高裁で裁量濫用ではないとし、最高裁では何度も住民の上告を不受理としている案件をここでひっくり返すと、最高裁で逆転する可能性がありますから、住民を負かせるべきではないでしょうか。」

左陪席判事　「いや、清都市の事件でも、権利放棄したとして、清都市が上告したが、最高裁で不受理となったものがあります。最高裁がどっちの判断をするかは分かりません。ここでは信念に沿って判断して、中部高裁ここにありとすべきではありませんか。裁判官になったときの初心に返りましょう。」

裁判長　「最高裁判事目前の中部高裁長官でも最高裁長官でも、私の独立した判断に干渉はできないのだ。正しく判断させてほしい。私は、ヒラメ判事ではないのだ。それに、私は一〇年ごとの再任が来る前に、まもなく定年だ。退官後の生活は、すでに裁判所の世話にならずに済むように手当てしている。失うものはない。ご心配は無用だ。」

ヒラメ判事

最高裁人事局の方（上の方）ばかり見ている判事を上しか見ないヒラメ扱いとする、裁判官批判用語。裁判海にはヒラメや鯛が泳いでいる。竜宮城のようなものだ。

六　市長選挙

◆市長の独り言

——ここで市長を辞めれば、破産して、失意のうちに亡くなる運命が待ち受けている。本書冒頭の絵が頭をよぎる。

神様市長は、鞄持ち副市長に禅譲する予定だったが、院政を敷くことが可能かどうかはわからない。腹心も、権力を握ると、裏切ることが少なくない。権力を失うと追われるのは、韓国の歴代大統領の歴史が示している。首相を辞めさせられても、その後平穏に人生を終えることができる日本は例外かもしれない。

ここでは、禅譲はその次と、期待を持たせて、今回も自ら市長選に出馬するしかない。

とにかく権利放棄に期待した。

そして、権利放棄とか裁判での連続敗訴は、選挙の争点にしない方針で臨んだ。

幸い、対立候補は、経済人で、法律は疎いようだ。法令コンプライアンスは、マニフェストに入っていない。

選挙は組合の支持によって、僅差で現職神様市長が勝利した。組合を敵とすれば落選していた。日頃、公金で組合に餌をやっていたのが奏功した。個人の金を渡せば買収になるのに、公金で名目を付ければ、買収ではないのだ。巨悪は眠る!!

神様市長　「バンザーイ。とにかく、一票差であれ、勝てば官軍だ。賊軍を掃討せよ。」

七　震度八の大激震、権利放棄は無効との高裁判決

――しかし、喜びもつかの間、中部高裁から、清都市議会の権利放棄議決無効、市長、外郭団体は約五五億円を市に払えとの判決がでた。

議会による権利放棄議決、首長による権利放棄は、市民の財産を誠実に管理するとの観点から、必要性、合理性を厳密に吟味して行わなければならないが、それがなされて

いないとの理由が付いていた。

来ると恐れられている東南海地震でも、予想されるのは震度七だ。一九九五年、神戸市は震度七の大震災に見舞われて市庁舎の一部が崩れたことがあったし、東日本大震災でも、震度七はごく一部で、多くは六だった。

しかし、清都市役所は、震度八の超大激震に見舞われたようなものだった。

市長は再選の喜びもつかの間、大変な失意の底に落とされた。

神様市長　「悪魔の通知だ。ああ、これで俺は破産か！背任罪か!!本書冒頭の令夫人の哀れな姿が脳裏をかすめた。」

――判決日が市長選のあとに設定されたのは、裁判所の情けというべきか。市民からは、裁判所が選挙戦の最中に市長敗訴の判決を下していれば、市長選も逆になったのにと、裁判所のよけいな心遣いに恨み声が聞こえた。

神様市長　「困った、どうすればよいのだ。裁判所も腐っていなかったのだ。裁判所の中では鯛やヒラメが舞い踊っていると聞いたが、いや、太刀魚やサメも毒蛇もいるようだ。

このままでは、ワシは払えない大借金を負わされる。本当に、富士山は血も涙もない鬼だ。ああ、神様、仏様!!」

——神様市長は、またまた、困ったときの神頼みであった。

鞄持ち副市長　「まだ最高裁があります。最高裁判事は与党に任命されています。富士山の論文に出ていたのですが、彼らは行政側の悪いようにはしない体質です。それに、議会の権利放棄は有効という東京高裁判決に対して最高裁は住民側の上告受理申立てを何度も門前払い、却下しています。最高裁調査官と裁判官出身の最高裁判事は、先輩の顔に泥を塗らないようにと、あるいは、創造的な法理論を工夫するのは面倒と、先例は明治憲法時代の天皇並みに神聖不可侵と確信している先例教信者ですから、権利放棄議決を無効とした中部高裁判決は反逆児だと思っているはずです。その証拠かどうか分かりませんが、中部高裁の裁判長は、政府の行政委員会委員など、おいしいポストの斡旋を受けることなく、破綻寸前で、できの悪い司法試験受験者の相手で苦労している三流法科大学院教授になる予定のようです。中部高裁裁判長は、定年直前、時々「イタチの最後っぺ」といわれるようで、失うものがないので、まっとうな判決を下すと言われていますが、最高裁がそれを信用するとは限りません。

『まだ最高裁がある』という言葉は死刑判決を受けた被告人の言葉ではなく、市長のためにあるようなものです。

それに、平成一四年の地方自治法の改正で、市長に請求するのは、住民ではなく、代表監査委員です。彼は番犬ですから、最悪の場合でも、なんとか誤魔化してもらいましょう。その訴訟で、和解して減額してあげます。

御用学者が作った平成一四年住民訴訟制度改正のおかげですよ。本当に御用学者様々です。学者の給料を一流企業並みに上げると、生活に困らなくなって、正しいことを言うようになるから、給料は安くして、審議会などで餌をやって、御用学者として飼いならしている今の制度は、学問は世界的に遅れても、我々のためです。その代わり、次は私を後継者に。」

神様市長　「では良くやってくれ。花道を作ってくれれば、任期途中でも譲るぞ。」

――財産はできるだけ奥さん名義に変えておいた。二〇年ともに暮らした奥さんには贈与税なしで二〇〇〇万円までの居住用財産を贈与できる特例を利用した。そのために、不動産取得税、登録免許税、司法書士の手数料などで一〇〇万円もかかったのだし、相続の時奥さんは一億六〇〇〇万円まで非課税だから、そんな特例は普通には価値がないのだが、このさい、市に全財産を取られないように、問題が起きる前に、うまく財産を奥さん名義にしたのである。案外全国の市町村長のなかで流行っている手かも知れない。有能な顧問弁護士はこれをそっと教えるのではないか。

もっとも、奥さんへの財産贈与は噂である。清都市の政治倫理条例では市長の資産公開は、前年度からの増加分だけ申告するので、現在の財産総額は分からない。市長になった年だけ財産総額を申告するが、五年しか保存しないので、市長になったときの財産は今ではわからない。うまいことに資産を隠せる資産公開条例、実態は資産非公開条例である。

八　最高裁での想定外の大逆転

最高裁は、清都市長の上告を受けて、口頭弁論を開いた。最高裁が口頭弁論を開くのは、通常逆転判決を下す場合である（民事訴訟法三一九条）が、この場合、他の都市の事件も含めて、全部で六件、その中には住民勝訴もあったので、口頭弁論を開いたから、住民敗訴とは限らないものであった。

全国股亮は、上告受理申立理由書を提出し、書面通りですというだけであったが、富士山は一五分間口頭弁論で熱弁を振るった。

しかし、最高裁は、富士山の答弁書を無視する、逆転の判断を下した。判決文に添付されているのは、清都市の上告受理申立書だけで、富士山力作の答弁書は添付されていない。富士山の頭の中では、自らの答弁書を見ていない証拠ではないかとの疑いがよぎる。

判決のポイントは、議会が権利放棄する際に制約する法律はないので原則として自由裁量であるというものである。

しかし、最高裁は、他人から預かった金を自由裁量で放棄できるのかという富士山の主張に答えていない。富士山は、権利放棄など債権管理は本来首長の権限で、議会はそれを監視するために議決するのであるから、首長が杜撰な権利放棄をするときに抑制するものであって、勝手に自由裁量で放棄できるものではないと主張したが、最高裁はこの理論がなぜ誤りかを説明しなかった。最高裁は、外郭団体への人件費補助が違法であることは認めたが、市長には過失もないとした。しかし、市長は、公益的法人派遣法で、市から職員を無給で派遣することができないことになったので、脱法行為で、人件費を外郭団体に補助したのであり、違法であることは承知していたのである。確信犯である。さらに、裁判所は、市長に払えもしない巨額の賠償をさせることに疑問を持っているが、それはポンポン山訴訟判決と矛盾する。小さな違法行為なら市長に賠償させ、巨額だと一切免責するのは、コソ泥を捕まえ、大泥棒を免罪にするのと同じである。会社法（四二五条）なら、取締役の落ち度が過失にとどまるなら年俸の六倍までと制限されている。富士山達は平成一四年改正の際に同様にすべきだと主張したが、無視されて、かえって、責任なしとなったのは不合理も良いところである。

富士山は最高裁のバランス感覚というのが、およそバランスの取れないものであることに怒りを感じ得なかった。ああ、なんという「石の館に石頭」。

もともと、東都高裁では、権利放棄議決を無効だとする住民側の訴えに対し議会の広い裁量を認めて、排斥してきた。最高裁はこれを上告不受理で認めていたが、逆に、外郭団体への補助金を違法とする中部高裁判決に対する清都市の上告も門前払いしていた。したがって、この矛盾する判断の統一が求められていたのである。今回の最高裁は、もともと最高裁行政局長や首席調査官を務めた行政法のベテランを自負する判事が主任となっていた。そこで、「裁判所としては、単に先例を踏襲するのではなく、将来を見据え、柔軟な発想と広い視野を持って、新しい時代の要請に応えていかなければならない。」という信条に期待したのであるが、どうやら、別の部の判断を踏襲せず、自分が首席調査官であった時代に認めた東都高裁の判断を維持したのではないかとの疑念がよぎる。

最高裁は巨大な石造りの建物である。

この判決で、権利放棄議決は議会の裁量ということになったので、住民訴訟のいわば死刑判決というべきである。これで市長は安心して、違法行為を堂々とやるのではないか。富士山の怒りは最高裁にも向けられた。最高裁判事の人選こそが司法改革の鍵だ、国民投票で×を付けろなどという運動をやっても無意味という論文を発表した。

京都元市長は自分の時にこんな判決を下してほしかったと草葉の陰から恨んでいることだろう。再審制度はないのかと。

ともあれ、神様市長は、危機一髪破産を免れた。「本当にやっぱりまだ最高裁はあった。最高裁判所は『サイコー、最高』だ」とはしゃいでいた。昇龍、全国弁護士には、褒美を取らす、予備費からほしいだけ払え、専決処分するのだと、市民の税金を泥棒することに悪の自覚がないようだった。

そして、ラウンジに繰り出した。資金は市長交際費から出したいが、今は情報公開でばれてしまう。またまた住民訴訟でやられる。

腹心の部下忠犬ハチ公とのあだ名がつく忠犬八朗が理事長をやっている外郭団体都市整備公社の清都市「清化」事業のなかに潜り込ませた。これなら情報公開の対象外だ。もう神様を見放した元部下たちも、最近では珍しく公費で豪遊できるとあって、大勢が集まって、おめでとうの連発だった。

ラウンジは美人揃い、まるで竜宮城のようだ。鯛やヒラメが舞い踊っている。神様には、これは裁判海だと思った。裁判所には鯛やヒラメが舞い踊っていると思うと、そっくりだ。

神様市長　「今日は最高や、最高裁は最高の判決を下してくれるし、こうして公費を使って竜宮城で豪遊できるし。」
——富士山は、生きているうちに竜宮城に行きたいと言ったら、だめなものはだめと言ったばあちゃん元党首の同級生がそばに座ったそうだが、神様は「俺のは本物の竜宮城だ」とつぶやいた。

神様市長「お嬢ちゃん、すごいだろ。最高裁で勝った最高の日や。」

鯛「じゃ、あたしにも最高の日にして。チューしてあげるから、一〇万円ちょうだい。」

ヒラメ「じゃ、あたしはもっとサービスするから、一〇〇万円。」

陰の声「山の神が怖い。いつ噴火するかも!!」

――富士山は、弁護士費用の情報公開を求めたら、権利放棄議決の最高裁だけで、昇龍と全国は、着手金をそれぞれ四二万、一〇五万円、成功報酬をそれぞれ一〇五万円、四二〇万円もらっていた。それどころか、高裁でも着手金は四二万円と一〇五万円、しかも、負けたのに、成功報酬を一二万六、〇〇〇円、三一万五、〇〇〇円ずつとっていた。

この住民訴訟では、外郭団体への人件費補助を違法と認めさせて、法治国家を実現したので、勝訴のはずであるが、後出しじゃんけんで権利放棄した被告が勝訴したとされたのは極めて不合理だ。たとえば、金を払えと求めたら、それを認める判決が出たので、被告が払って、請求棄却を求めたら、裁判所が認めたと同じ。原告が勝訴したはずだ。原告弁護士にも「勝訴」報酬を払わなければならないと解釈すべきだか、とりあえず、被告の弁護士を儲けさせた結果になった。しかも、被告の弁護士が熱弁を振るった結果ではなく、裁判所がなぜか市長を勝たせたいと、被告がまともに根拠づけていない理由を採用したためだと、怒り心頭に達していた。これについても、住民訴訟を提起するか、住民訴訟の原告側弁護士報酬制度も改正しなければだめだ。住民訴訟を制限せよというのが自治体側弁護士の主張であるが、本音は住民訴訟を活性化した方が、彼らは儲かって嬉しいのではないかと感じている。自分も、昇龍や全国に儲けさせただけではなかったのかと、馬鹿馬鹿しい気がしだした。本当にしかたがないことをしたものだ。

その後、この裁判を担当した最高裁判事は、退官後みんな、最高の栄誉である旭日大綬章を受賞した。そのうち、行政官出身の判事は、難しい法律問題は分からないので、調査官任せであったが、退官後、大手法律事務所に迎えられ、最高裁判決を牽制する役割を担うこととなった。

楽天　「最近、最高裁判事在任中になくなった混同判事は、自宅には法律書というよりも小説ばかりおいて年間二〇〇冊も読んでいたとか。正に名前の通り、法律と小説を混同していたようだ。正義と悪を混同していないのか、心配だ。これでも、旭日大勲章で、われわれのように、正しく、無償で一生懸命社会のために働いていても無視される。不正義な社会だ。」

草の根　「草の根はいつまでも草の根扱いさ。それどころか、最高裁判事を退官したら、元々弁護士ではなかったのに、大手事務所に迎えられるのが最近の統計では半数もいるのだって。高給、高額の退職金と年金、さらに旭日大勲章をもらって古稀を迎えているのだから、今更、金も名誉も要らないはず。最高裁と大手事務所の癒着と非難されることをなぜするのだろう。晩節を汚すものだ。最高裁改革論をやってほしい。」

西郷　「最高裁判事の任命資格は、裁判所法四一条で『識見の高い、法律の素養のある』となっているが、実は識見が高くなかったのでしょう。そういうことは事後にばれるので、国民審査で罷免できなかったのは残念だ。」

富士山弁護士　「最高裁判事を任命するときに、今は、最高裁長官が勝手に判断している。本当に識見が高いか、法律問題を適切に審査できるのか、裁判官任命委員会で、透明な形で、日銀総裁並みに、しっかり審査する制度が必要だ。戦後何度も言われているが、実現していないのは残念だ。

それから、政治家・公務員には倫理法がある（政治倫理の確立のための国会議員の資産等の公開等に関する法律、国家公務員倫理法、条例など）。裁判官にも、退官後は癒着が疑われるポストについてはならないという規制が必要だ。具体的には、裁判に影響を与える業務に就いてはならない。元々、弁護士であったら、戻るのはやむなしかとは思われるが、元々弁護士でなかった者は、弁護士になってはならないという倫理規範が必要だ。同じことは、検事でも、退官して、弁護士として刑事事件で、検察内部の事情を知って圧力をかけるという疑いをもたれるから、年金暮らしをすべきだ。

最高裁判事だけではなく、高裁判事も、退官後、中央労働委員会委員や公害等調整委員会委員になるルートが決まっている。行政を敗訴させると、このルートから外されると心配して、行政に甘い判決を出すのではないか。

裁判官退官後、公証人というおいしいポストにつきたいが、これは法務省人事なので、無罪判決を出したり、行政訴訟で国を負かせると、このポストをあてにすることもできないようだ。

これも癒着だから、裁判官は退官後行政委員会委員や公証人に再就職してはならないという倫理規定が必要だ。

六五歳まで高給をもらい、高額の年金と退職金ももらうのだから、悠々自適を義務付けられても文句を言わないことが裁判官になる条件ではないのか。

とにかく、この国は、どこからどこまでも腐っている。欲の皮が突っ張りすぎている。」

九　禅譲の市長選

神様市長は、住民訴訟も撃退できたし、花道もできたので、これからは市長時代にした蓄財で人生を楽しもうと、任期前に引退することとした。後継者として、鞄持ちを指名した。

対立候補として、草の根が立候補したが、知名度と組織票で勝負にならず、相変わらずの無風選挙で、組合の支持を受けた鞄持ちが当選した。

一〇　再度の住民訴訟、権利放棄議決は無効の超大逆転

実は、清都市には、別件、神様市長時代の重大な高速船訴訟が残っていた。巨額の債務が重荷になっていて、事業の回復の見込みも乏しいのに、市民の損失を最小限にするように配慮せず、単に潰すわけにはいかないと巨額の公金をつぎ込んだので、会社法で

いう経営判断の原則に反するものであった。住民側はそれを突いた。地裁では、それでも市長に過失はないとの判断であったが、中部高裁で神様前市長に過失ありとして、二〇億円の賠償をせよとの判決を勝ち取った。

一難去ってまた一難。神様前市長は、鞄持ちと議会に権利放棄議決を頼んだ。しかし、鞄持ちはもう前市長の恩を忘れ、泥をかぶるのはいやだと、逃げ回った。もう市長を辞めているからだれも神様を応援してくれない。院政など、清盛ではあるまいし無理なのだ。神様は、裏切り者ばかりだ、禅譲などせずに、死ぬまで権力を握っておれば良かったと、つくづく後悔した。

しかし、忠臣蔵の大石内蔵助・赤穂浪士並みの忠犬ハチ公が残っていた。忠犬八朗は、鞄持ちにこう説得した。

忠　犬　「鞄持ちさん。ここで権利放棄議決をしないと、前例になります。次に市長が住民訴訟で負けたときに権利放棄議決をして貰えません。そのとき提案しても、自分のためにだけ権利放棄議決を頼むのかと批判されます。ここで、前市長のために権利放棄議決を取るのは未来の自分のためなのです。」
——鞄持ちは、この説得を受け入れた。

鞄持ち　「議員先生。この高額の高速船への垂れ流しは、先生方が賛成されたためです。ここで権利放棄議決をしないとは無責任です。それに富士山説だと、違法な議案に賛成した議員にも、市への不法行為として賠償請求できるということです。権利放棄して、そのような最悪の事態を回避すべきです。」
——議員は吃驚、明日はわが身と、権利放棄議決に賛成した。

先の最高裁では、権利放棄議決が有効かどうかについて、次の判断基準を示していた。
「個々の事案ごとに、当該請求権の発生原因である財務会計行為等の性質、内容、原因、経緯及び影響、当該議決の趣旨及び経緯、当該請求権の放棄又は行使の影響、住民訴訟の係属の有無及び経緯、事後の状況その他の諸般の事情を総合考慮して、これを放棄することが普通地方公共団体の民主的かつ実効的な行政運営の確保を旨とする同法の趣旨等に照らして不合理であって上記の裁量権の範囲の逸脱又はその濫用に当たると認められるときは、その議決は違法となり、当該放棄は無効となるものと解するのが相当である。そして、当該公金の支出等の財務会計行為等の性質、内容等については、その違法事由の性格や当該職員又は当該支出等を受けた者の帰責性等が考慮の対象とされるべきものと解される。」

富士山弁護士は、この先例を活用して、この高速船は潰れるのが分かっていたし、自分の責任を免れるための権利放棄は恣意的で、裁量濫用であるから、この権利放棄議決は違法であると詳細に主張した。

今度の最高裁は、この富士山の主張を認めて、この権利放棄議決は無効とした。最高裁も、あまりにも杜撰な行政運営を放置しすぎたと、内心反省しているようだが、裁判官も替わって、官僚ではなく市民目線の判事が増えたことによるようだ。元最高裁判事の『最高裁は変わったか』という本がある。その判事の在任中はあまり変わっていなかったが、この本の影響か、最高裁も少しは変身を始めているようだった。

富士山は、裁判は「法と良心に基づく」などというのは真っ赤な嘘で、人民裁判と変わりがなく、裁判は「人」によるのだということを実感していた。ゾレン（sollen、あるべき姿）とザイン（sein、悲惨な現実）の乖離である。

草の根　「やっと最高裁が本当に『最高』になったね。」

富士山弁護士　「これで、住民訴訟は髪の毛一本で死刑を免れた。しかし、無期懲役みたいなもので、保釈されて、娑婆で活躍できるまでは暇がかかりそうだ。」

——今度の最高裁判事が定年後旭日大勲章を受けたことに草の根達も異論はなかった。しかし、本当にこの判例を作った草の根や富士山には何の恩賞もなかった。

それでも、それ以後は、行政訴訟でも、裁判所はあえて行政の味方をすることなく、公正な判断をするようになった。そこで、行政訴訟は、隣国の台湾、韓国並みに数十倍となった。行政訴訟は長い氷河期を乗り越え、温暖化の時代を迎えたようだ。富士山の事務所には採用希望の弁護士が列をなし、数十人の弁護士が在籍する大事務所となり、全国を股に、東奔西走して、違法行政の絶滅に乗り出した。

一一　またまた、市長選

鞄持ちは、市政の激務のため胃がんが進行していることに気が付かず、すでに末期ガンになっていた。欲張って市長になるのではなかった、副市長から外郭団体の理事長にでもして貰えば、楽な人生を送れたのにと、後悔しても後の祭りであった。今度も、副市長駄馬に禅譲することとした。市民も馬鹿ではない。杜撰な市長に飽き飽きしていた。戦後ずっと副市長出身の市長で、官僚市政だ。いい加減に過去完了形にすべきだ。

隣の府県知事や市長はそれなりにマスコミに発言している。市民の前に姿を現す。市役所改革もやっている。それに対して、わが市の市長は何だというのが街の声である。その上、今度は駄馬だ。歴代市長は名前通りだった。今度もどうせ名前通りだろう。

そこで、改革孝三が多数の市民の支援を受けて出馬した。

駄馬　「これまでの市政の継承を基本に、市民主体の政治を実現します。」

改革孝三　「前市長は市民を騙し、組合と裏で通じて、無駄金を使った上、二〇億の借金踏み倒し王です。腐敗した市政を変えなければなりません。その後継者である駄馬が、市民主体などというのは真っ赤な嘘です。副市長が戦後ずっと市長に上がるというシステムが腐敗の源泉です。組合・職員自治から市民自治へと変えましょう。構造改革が不可欠です。」

◆組合の中の会議

組合委員長　「どうも、雲行きが怪しい。ここで駄馬を応援すると、改革が当選したときに冷遇される。駄馬を応援するべきか。意見を聞きたい。」

組合員　「我々が長年努力して勝ち取ったものをそう簡単に放棄するわけにはいきません。断固、駄馬候補を支援して、我々の神聖なる権利を護持しましょう。」

——このように、駄馬と心中する方が得だとの意見が多数となり、組合は駄馬を応援した。

まるで、敗戦を控えて、国体護持を唱えた愚行とあまり変わらなかった。「働く者の味方」のはずの組合の実態は、「働かない者の味方」であった。
一方、市民のかなりがボランテイアで、改革孝三を応援した。
草の根、西郷、楽天等はフル回転した。富士山も、改革候補を応援した。
選挙は、政権交代の雪崩現象を起こした。
ついに、改革孝三が当選した。

（一二）新市長は元市長と和解、破産回避の温情措置

神様元市長は二〇億円の賠償を命じられ、権利放棄議決も無効となって、破産寸前であった。代表監査委員から請求されるときに、ごまかしてくれるはずの番犬太郎は、今度は自分の身が可愛いさに、改革孝三の番犬となることを誓っていた。神様元市長は、人の気持ちは女心と秋の空以上だと嘆いていたが、よく考えると番犬がまさに番犬であったのは餌をやっていたからで、餌をくれないのは主人ではないから、番をする必要もないということだ。世の中すべて餌＝金次第、人情など無い。まさに情けない世の中

だ。

では、元市長からいくら取るか。改革市長の下で議論が始まった。元市長を丸裸にするか。可哀想だから、有金払えば、家を売らなくても、勘弁するか。

新監査委員　「市の損害は、可能な限り回収しなければなりません。破産宣告を申し立てても、取れるだけ取りましょう。背任罪でも告発しましょう。」

富士山顧問弁護士　「神様の財産を調べるのが先決です。資産公開条例を活用して、財産申告を見ました。給与所得は年間一八〇〇万円程度で、ほとんど経費のかからない生活をしているので、貯金が貯まるばかり、毎年一〇〇〇万円以上債券を買ったり貯金したりしています。オーストラリアの債権をたくさん買っているのは、利子が良く、かつ、破綻の危険がないと、出入りの業者に教わったのでしょう。二〇一二年一二月には円安で、豪ドルは暴騰しています。しかも、資産公開条例では普通預金は出てきません。報告の時期になると定期預金を普通預金に切り替えて資産公開条例逃れをしているのではないでしょうか。

その上、退職金を任期毎に四〇〇〇万円程度ずつ貰っています。

しかし、神様元市長の資産報告を遡って調べたかったのですが、保存期間五年とのことで、廃棄したとの報告を受けています。

おそらくは貯金や株で、自分名義か家族名義かは分かりませんが、二億円はもっているのではないですか。」

改革市長「そんなに貯まるのか。ワシは市長になって良かったな。何期かやって、後は豪華な老後を送るぞ。」

富士山顧問弁護士　「前市長は、我々から見れば、杜撰で、市民の金をドブに捨てた張本人ではありますが、これまでそれなりには支持する市民がいたことも考えますと、裸一貫にするのは気の毒です。刑事でも情状酌量することもあります。ここでは、貯金を取り崩し、二億円を払ってもらって、年金生活はできるようにしてあげたい。破産までさせることもあるまいと思います。

もちろん、市の債権の放棄は、必要性、合理性のある範囲に限られます。これについては、徹底的に取り立てないと、回収できる金銭を放棄したもので違法だと、住民訴訟が起きる可能性がないではありません。しかし、元市長に庶民の生活ができる程度に残してあげても、違法な債権放棄といわれるほどなのかどうか。万一住民訴訟が起きて負けると、今度は改革市長が破産ですから、それだけは絶対に避けなければなりません。それならば、今回は払えるだけ払ってもらうという一部支払いということにして、残額は当面猶予という形にしましょう。猶予期間が来たら、払えということになるかどうか。そのときに、支払い請求をしないことが違法であるといった住民訴訟が起きて、負けそうになったら、そのときは請求しましょう。」

改革市長　「なるほど、今直ちに神様を丸裸にせずに、平民並みの生活をしてもらい、猶予期間が来たら、そのときに、考え直すこととするのがよいね。案外前市長も、そのとき宝くじに当たるとか、株、豪ドルで儲けているかもしれないし、破産させて、その機会を奪うのももったいない。」

放棄課長　「奥さん名義の家はどうなるのですか。」

富士山弁護士　「それは借金逃れ、偽装かもしれない。それなら厳しく取り立てるべきかもしれない。でも、それも切り札として残しておこう。」

改革市長　「議員への請求はどうするか。」

富士山弁護士　「これも切り札として取っておきましょう。市長派にならない議員を屈服させる良い手段です。彼らもそのうちなびいてくるでしょう。しかし、請求を放置することが違法な怠る事実だとの訴えが起きればやるしかありません。」

○×○×日　神様は、市に二億円を弁済し、これからの生活費のために、奥さん名義の家を売って、小さな借家にひっそりと転居した。

忠犬ハチ公も、自分の努力が水の泡になったので、もう来なくなった。もはや引っ越しを手伝う職員・元職員はいなかった。みんなが付いてきたのも、自分にではなく、自分の権力と市の公金にだと気が付いたのも、この日である。それでも、金の切れ目が縁の切れ目になるこの世の中で、粗大ゴミ、濡れ落ち葉にされることなく、奥さんがついてきたのは幸せであった。まさに、「最高」の奥様であった。

市長引退後、中部港発の一人一〇〇〇万円もするクルーズ船で老妻と世界一周し、毎日が豪華パーティで、カジノで一〇〇〇万円すっても、豪華老人ホームで余裕の生活を送る夢は消えた。平で一生過ごす方が良かった。何のための人生だったのだろう。しかし、神様は、破産せずに済んで、ほっとした。背任罪の告発もなかったし、脱税の問題も提起されなかった。富士山も、鬼と思ったら、案外仏なんだと感慨深げだ。

老妻と手をつないで近くの公園を散歩するのが日課になった。

ちまたの声　「え、地位も金も失った哀れな老人と青春を謳歌しているんだって!!」

「いや、躓いて、骨折されると、老老介護が大変なので、物理的に支えているだけで、精神的に支えているわけではないようですよ。」

わが家の寝室は別、家庭内では離婚だった。

ただ、神様は、富士山がまたまたわが清都市を被告とする訴訟の代理人になっていると聞くと、どこまで悪をなす奴やと怒りを覚えるのを禁じ得なかった。いまだに、市と市職員と市民の区別が付かないようだった。しかし、街で富士山に会っても、視線をそらしていた。

その後、勲章受章の知らせが届いた。住民訴訟で負ける違法行為をしたことは何の関係もなく、大市長にふさわしいものだった。ああ、政府は俺を見捨てていないと喜んで、懐かしい市民ホールで受賞パーティを開いたが、出席者はほとんどおらず、閑散としていた。

一三　判決を受けた新市長の改革

改革市長は次のような施策を講じた。

まず前市長派の茶坊主を粛正し、左遷されていた天秀を副市長にした。

監査委員番犬太郎は、臭いものに蓋をするのが任務であったので、前市長を裏切って、忠誠を誓ったが、再任の期待に反し、任期切れでお役御免になった。改革は、「裏切り者は、将来自分を裏切るだろう」と予想したのである。新任の監査委員は、市の腐敗部分を切開することを任務とすることとした。

議会の権利放棄は、仮に裁判所で裁量の範囲内とされるとしても、あまりにも不合理であるから、できるだけ放棄の効果がないようにすることとした。外郭団体から市へおおまけして総計三二億円を返還させた。それで潰れそうな団体は仕分け作業をし、公益性の低い外郭団体は整理した。職員からは恨みの声も上がったが、市民の金を預かっている以上、やむを得なかった。

第二部　徹底した法令コンプライアンス

I　清都市の再生

一　新市長の施策

1　新施策

清都市は、これまでは、秀才を採用しても、他の自治体の真似しかしていなかった。そのため、有能な職員を腐らせていた。職員に、行政法の勉強は役立っていますねと聞くと、係長試験の時に役立ちましたという答えが返ってくる有様であった。

新市長は、正義派で有能な職員を復権した。個人で勉強していたり、大学院に行っていた職員の能力を活用した。

福祉政策、経済政策について基本条例を制定した。

財政の無駄をなくし、ばらまきではなく本当に困った市民向けの福祉を充実し、経済を振興する施策をとった。職員が内部の利権追及ではなく、市民の方を向くようになり、市が活性化し、住民サービスが改善されるなど、効果が目に見えて上がってきた。

人件費でも、難しい仕事をきちんとする職員を高給に、単に年功で高給取りになる職員の給与を削減した。共助組合派遣職員や外郭団体派遣の職員のヒラの平均年俸が一〇〇〇万円近いのは高すぎる。まして、夫婦ともに職員だと、二〇〇〇万、市長並みである。そこで、ヒラでも係長の給料を出していた「わたり」などは廃止した。

バスの運転手の年俸が千数百万もあるのは、バス事業の大赤字の原因であった。民間並みの給与体系に改め、バスの赤字を改善し、バス運賃を値下げした。市バスは乗車する人が増えて、活性化した。

代わりに、老人無料パスは廃止した。もともと老人無料パスは老人福祉施策と宣伝されていたが、実は職員と市長のための福祉施策であった。交通局は、年間四〇億円もの大赤字で、給与の大幅カット、リストラ必至だったが、老人無料パス代として、市の財政から四〇億円補填してもらって、黒字と誤魔化せたので、職員の高給が維持でき、市長も職員の票で楽々当選できていたのであった。

富士山はこのような説をあちこちで書いているが、実は天秀氏から教えてもらったことであった。

2　清都市からの発信

清都市発信の施策が世間の注目を得られるようになり、職員の目が輝くようになった。たとえば、民主党の子ども手当については、子どもを社会で育てるという理念が基本的に間違いだ、子どもくらい自分の金で育てろ、金の足りない親には出すが、みんなに出すのは、票を公金で買収する、ばらまき福祉と批判した。それよりは、保育所を作り、ベビーシッターの斡旋をする事業を優先、さらには社会で面倒見るべきは健康な子どもではなく、障がい者、介護を要する人だと、本当に困った人の福祉を優先せよと全国に発信した。

生活保護は、働けば働いた分すべて削られる一〇〇％課税システムで、一旦受けると、働く意欲をなくしてしまう。生活保護水準を下げる代わりに、ある程度までは働けば自分のものになるようなシステムに変更せよ。そうすると、少額の稼ぎを不正受給として取り締まる必要がないので、ケースワーカーと被保護者との間でも信頼関係ができる。そして、働き始めれば、保護から脱却できる人もでよう。

高速料金を無料化して、運送業界の負担軽減になると思ったら、大間違いで、かえって、高速道路が渋滞して、低速道路になり、運送業界の負担が重くなった。補修費もないので、がたがた道路、天井が落下する危険がある。道路は安全に、スムーズに走れるようにすることが肝心で、そのための調節弁となるような料金を設定すべきだと主張した。

街中の道路は、駐車違反ばかり、自転車が歩道をわがもの顔して走り、危険がいっぱい。駐車違反を取り締まれば一車線増えたと同じ。そして、車道と歩道を少し削って、自転車道を造れ。道路予算は、田舎に回すな。都会で使え。

沖縄普天間基地問題は、基地を動かすという前提で案を考えようとするので、うまくいかない。周辺住民に移転して貰えばよいのだ。大阪空港（伊丹空港）ではそうしたのだ。住民は移転補償を貰って転居し、または防音工事をして貰って、空港はそのまま残る。まさに痛み（伊丹）分けだ。この方が安く早く、みんなも楽できる。辺野古の海を埋め立てる愚もしなくて済む。

原発も、脱原発、卒原発と意味不明な論争があるが、どんなに安全管理を徹底しても、長年安全であれば人間は必ず気がゆるむので、事故を防止することはできない。実際、事故の時はヒューマンエラーで片付けられるが、人間の緊張力には限度がある。万一事故を起こせば、日本の半分は壊滅する。福井の原発が事故を起こせば、中部地方の水がめの清都湖も放射能で汚染され、誰も住めなくなる。今急に全て廃止するほど危険ではないし、全て廃止すると日本のエネルギーが極端に不足して日本経済はもたないので、安全に運転できるものはその寿命までは運転するが、代わりは作らない。その間に代替エネルギーを作る。これまで溜まった放射性廃棄物の処分場は、ゴビ砂漠を買い取って、ゴミ砂漠にする。広大であるので、その真ん中に埋めるなら、将来の人類への影響はまだましだろう。国際的に説得して、ゴミ輸出禁止条約の例外を作る。さらに、廃炉をスムーズに行えるように研究することが肝心だ。

むしろ、隣国の原発が事故を起こすと日本にまで放射能が降りかかるので、隣国へ原発を輸出するなど言語道断であり、脱原発への協力をすべきだ。

大津波にさらわれた地域を居住禁止の災害危険区域などに指定して、高台に移転させるプランは違憲である上、愚の骨頂だ。広大な平地を何百年に一回の津波を心配して居住禁止にするのは財産権の侵害であるし、実際、高台に移転するには巨費と時間を要するが、被災者はそれまで長期間仮設住宅暮らしで苦難を強いられるし、完成する頃には高齢者しか移転しない等の事態が起きて、結局は誰も住まない街になる。また、しばらく経てば災害の記憶が薄れ、災害危険区域を解除して、平地に住むことになる。それなら最初から平地に住むこととすればよい。津波対策としては、街中に多数築山を菱形で造る。津波は築山をそれて流れる。それを造るのは、高台移転よりもはるかに早いだろう。そして、津波の時はそこに逃げる。高層建築物を建てるのではなく、単に人が立つだけの小山であるから、がれきに土砂を混ぜて造ればよい。その方が被災地の復興ができるし、未来永劫津波被害を避けることができる。

司法の腐敗を身にしみて、越権行為との批判を浴びながら、最高裁判事の人選を最高裁長官に事実上任せるのは、内閣の任命権（憲法六条二項、七九条一項）を放棄する違憲の運用だ。内閣が最高裁判事任命諮問機関を設置し、最高裁の使命である違憲審査、重要な法律問題の審査について識見を本当に有するのか、過去の業績と発言という客観的なデータに照らして評価すべきだと発信した。日銀総裁人事並みにきちんとやるべきだと。

3　口利きから大所高所の議論へ

市長は、弁護士富士山を顧問にして、市政の大掃除指南を依頼した。

これに対して、個別の利益誘導を仕事としてきた議員は横車を押してきたが、改革市長は、市民の圧倒的な支持を背景に、跳ね返した。

清都市では、有力議員が既存業者から賄賂を受けて、廃棄物処理関係の指導要綱を改正させて、新規業者の進出を阻止して、国費で別荘暮らし（刑務所、留置場）をしたという事件があったので、議員の口利きはすべて記録しておく条例を作っていた（清都市政の透明化の推進及び公正な職務執行の確保に関する条例）が、この程度では甘いとして、議員の要望は全て市長秘書課でしか受け付けないこととして窓口一本化を図った。裏口ルートのような議員の口利きは激減して、議員は大所高所の議論をするようになった。

個別の苦情はオンブズマンを設置して、判断してもらうこととした。

もっとも、これまで大所高所の議論をしたことのない議員には無理であったが、富士山経営の政策法学・戦略法務研究所が、全国の心ある議員に自治体の政策と法務を指南するようになった。これで、多くの自治体の「法無」も「法務」となり、「放棄課長」も、家裁に申請して、名字を「法規」と改名してもらった。

無茶苦茶な行政指導、法令の適用拒否、不親切でたらい回しの窓口などは、どんどん改善された。国からの通達も、これまでは唯々諾々と従って、国がいうのだからと庶民を押さえつけていたが、不合理なものは、中央官庁に意見を言って是正させた。

職員は、これまで、議員のご機嫌を伺わなければならず、しかし、違法行為をしてはならないという狭間で苦労していたが、正々堂々と正しいことを言い、正しく職務を執行できるので、生き生きしている。

住民運動家草の根、西郷、楽天は、市の政策作りの会議に重用された。これまでの苦労が報いられてますます元気を出している。

元市職員・現大学准教授真骨は市を辞めて良かったが、今なら戻っても良いと思った。

二　新しい法令コンプライアンスの方針

富士山が推薦した結果、真骨は総務局長で迎えられた。新しい施策の最初に、法務部門と法令コンプライアンスの強化を掲げた。富士山弁護士の協力を得て、次のように整理した。

その要点を説明する。

住民訴訟で違法・過失ありとされるものについては、多くは無茶な支出だというものである。食糧費、接待費、公金横領はもちろん、高額購入契約、低額売却、違法な補助金の支出等、政治判断で行っているものが多く、法的思考では、違法の疑いが濃いものが多い。下関市の日韓高速船訴訟は、もともと高速船を立ち上げたところ、見込み違いですぐ大赤字になったが、それでその最初に投下した補助金が違法とされたものではなく、会社の破綻が決まったあと、会社の債務を市が引き受けた点で違法とされたのである。潰れた会社の債務は破産手続で処理すべきで、市が、「迷惑はかけない」などといっていたからといって、それで法的にその債務を負担する理由はないということである。前市長の「迷惑をかけない」という政治的な発言を、法的に保証するものとして、それを履行しなければならないと考えた点で、違法な判断だったのである。もっとも、これは最終的には最高裁で救済されたが、危ない橋を渡ったものである。

京都市のポンポン山訴訟でも、山の開発を押さえたら、買取りを請求され、高く買ったというもので、議会での説明も強引だったと認定されている。買取り価格については鑑定評価が付いていたが、疑問が出されていたので、それを吟味しなかった点で重大な落ち度があるとされた。これも、業者から買い取りを請求されたら、まともに訴訟で争って、適正な補償に止めるべきで、密室の話合いの結果を議会に飲ませたのではないかと疑われるようなことはすべきではない。

市の職員を給料付きで商工会議所の専務理事に派遣した茅ヶ崎市商工会議所事件でも、派遣された公務員は、基本的には、市の仕事をするというよりも、商工会議所の仕事をしているようであるから、違法であった（最判平成一〇年四月二四日判時一六四〇号一一五頁、判例自治一七五号一一頁）。

こんなことは、役所の中にしっかりした法務部をつくって、審査すればよいことである。役所は法学部卒をたくさん雇っているのであるから、彼らを訓練し、有能な自治体法務専門家に育てればよい。任期制弁護士として若手弁護士を採用する自治体が増えているが、数年の任期では行政法の実務と理論に通ずるのは無理で、分かる頃に退職となる。そして、これまでの職員は弁護士任せで、法的な能力の錬磨を怠るようになる。感心するやり方ではない。

これまで、行政は、行政の論理、政治の論理で判断してきた。法律は自分の常識でわかると思い込み、政治判断で施策を講じてきたのである。周辺自治体と同じなら大丈夫だろうと、みんなが違法行為をしてきたことに気がつかなかった。裁判になることは滅多にないので、裁判になったらどうなるかという、法的リスクアセスメントが弱かったのである。法律家に聞くのは、事件が起きてからが普通であり、事前には簡単に聞くだけであった。それが裁判で負ける原因である。そこで、大切なのは、行政の論理、政治の論理に対する法の論理の優先性の確立である。首長は、政治判断をする前に、法務の意見を聞いて、リスクマネジメントすべきである。それをしないでいては、裁判で違法とされても、自業自得である。

部下に専決権を委任しても、市長が方針を示しているのだから、市長の過失になる。方針を示す前に過失を問題とされないように、慎重に吟味するべきである。

もちろん、裁判所の判断が行きすぎて、政策判断が違法ではないかと長々と審理するとか、さらには、それを違法とすることもないではない。裁判所は、政策判断についてはは行政にもある程度の裁量があるのであるし、また、当時の状況ではそれなりに根拠のある、合理的な選択の一つであれば、違法ではない、少なくとも過失はないと判断すべきであるが、そのことを裁判所によく分かるように説明すべきである。

また、住民訴訟の被告となる市側の弁護士としては、この点でしっかりとした理論構成をできる者を採用すればよいのであって、日頃身近な民事事件を中心にやっている顧問弁護士に頼ってはいけない。

弁護士をどう使うか。これまでは事件が起きてから相談に行って、その先生の意見で決めた。しかし、難しい事件では一人に頼るのは危ない。セカンド・オピニオンを取るのがよい。病気になったら、かかりつけの医師の判断が妥当かどうかを判断するために別の医師の判断を仰ぐのが推奨される。弁護士についても同様である。

そして、弁護士の判断が不適切とされる率が高ければ解任するべきである。法務部門は弁護士の能力を判断するだけの力が必要である。

〈三〉法令遵守マニュアル

そこで、法令遵守マニュアルを作成した。

企業の誘致、土地の買収、住民への補償、条例の制定などにおいては、首長が先に発言すると、誰も反論できないので、市長は独断では発言しない。まず、法令リスク調査を行う。

顧問に聞くとき、自分で問題を設定し、法律問題の形にして答えを聞いたり、やってから、どうすれば怪我が少ないかを聞いてはダメである。それでは、顧問の意味がない。戦略会議の段階で、顧問の参加を求めて、法的なリスクを調査させるべきである。

たとえば、競輪、競馬、モーターボート事業が大赤字になっているが、廃止すべきだと考えるだけでは十分ではない。廃止した場合、どこからどれだけの賠償請求がでてくるか、それにどう対応できるのかを検討しなければならない。

周辺の漁民に協力金としてつかみ金を出したり、日々雇用の臨時職員に退職金類似の金員を出していないのか、審査しなければならない。

法定外普通税を導入するとき、まず、戦略を練ることとした。これは極秘であった。市民向けに、よそ者に課税するなどと言えば、内務省に聞こえて、足元をすくわれる。これは戦争なのだ。自国民をも欺かなければ勝てない。

組合の要求、慣例も、法令に照らして判断する。慣行を守れといわれても、応じない。裏取引に応じてはいけない。給料の値下げに合意してもらう代わりに、旅費、残業手当を増額するといったインチキはいっさいしない。違法行為なら、組合も共犯だと、抵抗すべきである。

住民に正しいことをいう。組合の票が気になっても、正しいことをいうだけにする。

法令の執行に際しては、怠っていないか、執行すべきものは執行しているかを点検する。怠った上司を処分する。

業者から収賄して、業者に仕事が回るようにして捕まった某元市長の事件があった。「天の声」を発することができるのが、誘惑のもとである。そこで、入札については、市長は一切さじ加減できないしくみとした。入札検討委員会で、客観的に決めることとしたのである。

入札談合対策でも、支持者である建設業者・土木業者の票を当てにするから泥沼にはまる。正しい市政をやれば票が集まるという信念を持つことが肝心であると市長に助言した。

さらには、横須賀市のように電子入札にした。業者は談合できないので、業者の団体が消滅した。価格が下がったので、業者は苦しいが、落札価格が下がった分、別の公共事業を行うので、業者は全体として損するわけではない。

違法行為からの撤退マニュアルを作った。

業界紙の押売り販売を撃退した。

賛助金の依頼を断った。

交際費の使途を明確にした。香典は廃止・お祝い金も廃止した。

住民票発行機などは、一通発行する費用が二〇〇〇円もかかるとの計算が出た。そこで、需要は一時期だけだから、そのときは市民に待ってもらう方がよいと、市民に説明する。こうした観点から総点検して、効率的な役所に変わった。

こうして、清都市役所から違法行為を一掃しただけではなく、全国に波及した。その姿勢は民間にも波及して、弁護士の仕事が激減し、弁護士からは法曹人口を減らせという大合唱が起きるくらいになった。大学の授業でも、法治国家、法律による行政の原理などは、当たり前に実現している空気のようなものなので、いちいち教える必要がなくなった。丁度、予防医学を推進したら、みんな老衰で突然死するようになって、医者が要らなくなるのと同じようなものだ。しかし、そうすると、監視する弁護士が不足して、またまた違法行為を犯す市長が出るだろう。原発も、徹底的に安全管理しなければならないが、そうすると、長年何の問題も起きないので、原子力規制委員会は何もすることがない閑職となり、つい心のゆるみができ、そのうちまたまた人為ミスを犯すだろう。

Ⅱ　富士山弁護士大活躍

富士山は、これまで通り住民訴訟を代理することもあったが、違法行為をしたくないという首長の依頼で、部下に違法行為をさせないような助言をするほうにシフトするようになった。いずれにしても、日本国の違法行為が大幅に減少するのである。

一　引っ張りだこの法務総裁

法学者は、判例、法令はいかにあるべきかを論じている。しかし、ここでは、どうすれば、法的なリスクを低減できるかが課題だ。普通の学者では使い物にならない。

北海道の寒空市では、北東大名誉教授で、学界でも一流解釈法学者として名高い昔町先生を顧問に迎えた。彼はこの判例はおかしい、かくあるべきだといつも自説を述べた。寒空市は、昔町説に従ったが、札幌地裁の裁判官になっている彼の教え子は、最高裁の判例マニュアルに従って、師の説を排斥した。裁判所も、学問的良心を捨てて、上意下達の官僚組織に成り下がっていた。

しかし、学識がなければ、広い法的なリスクには対応できない。

南国の暖春市では、これも自説の多い富士山弁護士を顧問に迎えた。しかし、同弁護士は学問と実務とを分けて考える、頭の切り替えの可能な先生であった。人を見て法を説けという。学問は国家社会に役立つものである。判例、法令を見直すことが仕事である。

しかし、自治体の顧問は、法的なリスクを現行法と判例のもとでいかに低減するかが任務である。判例が合理的な結論を出すように法的な理論を開発することは大切であるが、それだけではなく、法と判例、社会の対応の不確実性の中で、前門の虎、後門の狼という状況で、依頼者がいかに怪我の少ない決断をするかが課題である。

このように、顧問弁護士の仕事は、自治体の違法行為を隠蔽し、訴訟で勝訴することではなく、むしろ、違法行為を防止することである。本来はそれが自治体の職員の利益にも合致する。茶坊主職員、御用弁護士を追放せよといっている。

住民訴訟で清都市長を懲らしめた富士山であるが、今度は住民訴訟で負け、権利放棄議決をしてもらえなかった（元）市長の味方をし始めた。

え、背信行為か。

理屈を聞くとそうではない。取られた賠償金を、責任のある者から取り返すことを始めた。

潰れる会社に補助金を出して違法過失ありとして責任を負わされた元市長を代理して、この会社は採算が合うという報告を出したコンサルに賠償請求した。禿げ山に四〇億円という評価をして、市に高く買わせて、市長の破綻を招いたコンサルに賠償請求した。

賠償義務を負わされた元市長は、賛成した議員と茶坊主部下に賠償請求をすることとした。議員から回収すれば、元市長も破産しないで済む。これこそ、本当に市長が求めるべきものであった。部下についても、一方的に指示したものではない、間違ったのはしっかり補佐しなかったことが理由だとして、市への不法行為の連帯責任を問うものであった。

冒頭に出ている喪服の令夫人は泣いて喜んだ。

二　近隣の市長の対応、東都市御前会議

市　長　「清都元市長は、住民訴訟で、破産しそうだとのことだ。わが市が住民訴訟で敗訴しないように助言を頼む。」

茶坊主局長　「富士山の侵略に備えるべきです。市長は、職員組合の支持で当選してきたのですから、組合への優遇をやめると落選の危険が大きくなると思います。ここではいわば神武以来の伝統あるわが市の国体である職員優遇を護持すべきです。その上で、富士山がわが市の住民を代理して住民訴訟を起こしてくるようなら、当市は更に一流の弁護士に依頼すべきでしょう。」

政治副市長　「いや、住民訴訟は戦争です。富士山がどこかで言っていたことですが、敵を味方にせよ、敵を知り、己を知れば、百戦危うからず。これが古今東西に通ずる智恵です。どの戦争でも、勝ったのは、敵陣に裏切り者を出させた方です。富士山も言っていたようですが、関ヶ原の戦いの小早川が典型です。第二次大戦でも、日ロ不

可侵条約をロシアが破ったことが、日本の敗戦の一つの原因です。むしろ、ここは、逆転の発想で、富士山を味方にすれば、敵はおらず、鬼に金棒です。」

市　長「ううむ、前門の虎、後門の狼だ。組合の支持がなければ当選できない。せっかく市長になって、有終の美を飾れると思ったのに、残念だ。」

政治副市長「そうですが、それは選挙に落ちるだけです。元市長として余裕のある生活を送れます。富士山に侵略されたら、選挙に落ちるだけではなく、破産しかねません。議会も権利放棄議決をしてくれるとは限りませんし、してくれても裁判所が裁量濫用と判断するかもしれません。それでは晩節を汚します。前門の虎、後門の狼といわれますが、前門は鶏、せいぜい軍鶏、後門は狼だと思ってください。」

市　長「わかった。組合にしっかりわかりやすく話してくれ。」

副市長「組合には、既得権に固執すると、清都市みたいに、組合解体、利権の完全喪失になるぞと半分脅して、説得します。」

第二部　住民訴訟の実務

第一章　法律相談

一　権利放棄議決

Q 質問

私は市長です。わが市内の中小企業の資金繰りが悪いので、銀行は回収困難を見越して、貸し渋っています。そこで、市民銀行を設立してどんどん貸しましたが、回収率が悪く、大赤字です。市民銀行を潰すと責任問題になるので、政治的に判断して、追加出資をして、何とか生き延びさせたいと思っていますが、それで倒産すると、またまた住民訴訟で訴えられそうです。

しかし、議会に権利放棄議決をして貰えれば責任を免れるという最高裁判決が出たので、ここで追加出資をしても大丈夫ですね。

A 回答

たしかに、最高裁（平成二四年四月二〇日民集六六巻六号二五八三頁）は、権利放棄議決は議会の裁量であるとの立場を取っています。そこで、住民訴訟で、追加出資が違法でも、既に権利放棄を有効に行ったから、市長に責任はないという判決が出る可能性が高いでしょう。

しかし、これで住民訴訟を完全に死刑にしたとは言えません。だいぶ安心にはなりましたが、まだまだリスクが残ります。

第一に、議会が権利放棄議決をしてくれるかどうか。市長が現職でいて、議員を手なずけて、市長派を多数派にしている限りは、権利放棄議決をしてくれるでしょうが、議会の構成も変わります。いつ何時、維新とかみんなとか未来などという政党が貴市議会を浸食するかもわかりません。そのときは、市長反対派が多数になるおそれがあります。

市長もいつまでも現職でいるわけではありません。多選批判が起きるし、あるいは病気で辞任に追い込まれるかもしれません。石原前都知事のように国政に出たくなったり、あるいは、逆に、外郭団体の理事長に納まって、のんびりしたくなるかもしれません。

そのときは、後任の市長が議会に権利放棄議決を提案してくれるとは限りません。禅譲した場合でも、非情な裏切り者が出ますし、まして、対立候補が当選したときは、残党狩りがなされますから、だれも市長を支持しません。忠犬ハチ公は絶滅します。

議会の方も、既に権力を失った市長のために、ひと肌もふた肌も脱ぐ議員が多数いるとも思われません。

危ない行政を行った市長は死ぬまで権力を握るしかないのです。しかも、死んでも、それで債務が帳消しにはなりません。住民訴訟で負ければ、遺族が賠償しなければなりません。

第二に、議会の議決は、「個々の事案ごとに、当該請求権の発生原因である財務会計行為等の性質、内容、原因、経緯及び影響、当該議決の趣旨及び経緯、当該請求権の放棄又は行使の影響、住民訴訟の係属の有無及び経緯、事後の状況その他の諸般の事情を総合考慮して、これを放棄することが普通地方公共団体の民主的かつ実効的な行政運営の確保を旨とする同法の趣旨等に照らして不合理であって上記の裁量権の範囲の逸脱又はその濫用に当たると認められるときは、その議決は違法となり、当該放棄は無効となるものと解するのが相当である。そして、当該公金の支出等の財務会計行為等の性質、内容等については、その違法事由の性格や当該職員又は当該支出等を受けた者の帰責性等が考慮の対象とされるべきものと解される。」（最判平成二四年四月二〇日）とされています。

この裁量権の限界の基準は、さっぱり分からないので、そのときの裁判官が不合理と思えば不合理になる代物です。まさに、人による裁判です。

したがって、権利放棄議決をして貰っても、安心とは限りません。市民銀行への追加融資がそれなりの合理的な判断であり、最後にそれを回収せずに破綻させたことがそれなりに合理的であることを裁判官に納得させなければなりません。頑張ってはみますが、裁判官を納得させることができるかは完全に五里霧中で、保障はできません。

やはり、市民銀行への出資も、経営判断の原則に従って、合理的な範囲で行うべきです。政治的判断で行うと痛い目に遭います。政治的判断は法的判断の枠の中で行うべきです。

二　住民訴訟にどう備える?

Q 質問

私は、ある小さな市の市長です。勉強不足で恐縮ですが、住民訴訟が気になってしかたがありませんので、質問させて頂きます。私が身を守れるようにお教えください。

住民訴訟なるもので、市長が責任を一手に引き受けさせられ、破産するらしい。元京都市長は、二六億円もの債務を負わされたそうだ。いったい何でこんなことになるのか。

平成一四年に住民訴訟制度が変わり、市長個人は被告にならなくなったので、安心だと思っていたが、まだ安心できないのか。

私は、市民のために粉骨砕身している。破産とか債務奴隷で晩節を汚されるのはまっぴらごめんだ。

わが市でも、住民訴訟を起こす市民オンブズマンなるものはいるのか。いなければ、安心して良いか。

監査委員は私に累が及ばないように判断してくれるだろうか。

訴えを起こされてから、私に火の粉が降りかからないように、しっかりした弁護士に頼んでいるか。

訴えを起こされても、負けないように、日頃から、責任が市長に及ばない制度を構築するにはどうしたらよいのか。

A 回答

① 住民訴訟は怖い

住民訴訟は、自治体の違法行為全部ではなく、財務会計行為の違法に限りますが、誰でも提起でき、訴訟段階でも、一審では印紙代一三〇〇〇円（高裁では五割増し、最高裁で倍）と安価なため、結構利用されています。その中には、政策課題といえそうなもの、政敵が、江戸の敵を長崎で討とうとしているようなものも少なくなく、市長としては、なぜこんなことで被告にされるのだと怒りたくなるものもあります。しかし、自治体の財政乱脈を摘発し、その正常化に大いに貢献している制度でもあります。官官接待は、住民訴訟や情報公開制度の攻撃を受けて、ほとんどなくなったと思われますし、大阪市から露見した職員「厚遇問題」も、私の意見では、単なる「厚遇」ではなく、税金の山分け、公金横領ですから、全国的に責任追及が行われていくでしょう。談合業者に対して、住民訴訟で損害賠償を取った例もあります。業者の圧力に負けて、土地を高値で買ったという例でも、市長の責任とされることがあります。ご質問にあった元京都市長の例は、いわゆるポンポン山訴訟ですが、命じられた賠償額は、一審段階（京都地判平成一三年一月三一日判例自治二二六号一一四頁。阿部泰隆解説・判例自治二三五号二六頁）では約四億円だったのに、高裁（大阪高判平成一五年二月六日判例自治二四七号三九頁）では約二六億円とアップしました。これは、ゴルフ場開発をやめさせようとの住民の意向を汲んで、市が山を買い取ることとしたのですが、そのときの評価が杜撰だったのです。そして、その責任は市長にあるというものです。

②　平成一四年地方自治法改正では不安

平成一四年に住民訴訟制度が変わりました。その一番のポイントは、いわゆる四号請求訴訟において、これまでは、市長個人を被告に、個人への賠償請求訴訟という形式をとっていたものを、今度は、市長というポストを被告とするが、そこで、市長というポストが敗訴すれば、改めて市長個人に請求するというものです。

これまでは、市長個人が被告になっていたため、勝訴すれば弁護士費用を市に請求できるとの制度がありましたが、敗訴すれば請求できないし、職員を訴訟のために働かせることは建前としてはできないということでした。そこで、全国の首長からの要望を受け、市長というポストを被告としたのです。市長は、弁護士を税金で雇うことができるし、職員を訴訟に対応させることもできるようになったわけです。最終的に敗訴しても、その費用を返済する必要はありません。

しかし、これで一安心と思ってはなりません。市長の責任要件は少しも軽減されていません。民法七〇九条の定める過失責任主義のままですし、組織で決定したのだから、責任は一部だけだと言いたいところだと思いますが、そのようになっていません。重過失・分割責任を原則とする職員の責任（地方自治法二四三条の二）とは大違いです。

市長は、弁護士を公金で雇って防戦することは容易になりました。相手は住民で、弁護士が代理した場合でも、最終的に勝訴すれば勝訴報酬を市から請求できますが、それまでは普通はボランティアなので、一般には弱体です。これに対して市の方は、専門顧問弁護士が対応するわけですから、有利な地位にあります。

しかし、市長がもともと違法・有過失な行為をした場合には、責任を免れることは無理です。

なお、この改正は市長に有利なことばかりではありません。この改正の趣旨は、市に説明責任を果たさせるためということですから、裁判所が市に説明せよと釈明することが増えますし、市に立証責任が転換されるとの説も出ています。弱体な市民相手に大勢の弁護士を雇ったり、たくさん弁護士費用を出せば、それ自体違法とされるおそれもあります。

その上、市長が替わったとき、新市長が元市長を擁護してくれるとは限りません。後継者に指名された新市長でも、当選した瞬間に豹変して、恩を仇で返すことは十分にあり得ます。その場合には、元市長は、自ら弁護士を雇って、市長というポストを被告とする住民訴訟に補助参加しなければなりません。

貴市にはまだ市民オンブズマンなる組織もないようで、太平無事でおられることと思います。しかし、市民オンブズマンが組織されてから訴訟対応されても、間に合わないことが多いのです。住民訴訟は、将来の案件だけではなく、過去の案件に適用されるからです。普通は行為時から一年以内しか監査請求できませんが、「正当な理由」があれば、遡ることができます。「正当な理由」が認められるのは、住民が「相当の」注意力をもって調査すれば、客観的にみて監査請求をするに足りる程度に当該行為の存在及び内容を知ることができたかどうかが基準です（最判平成一四年九月一二日民集五六巻七号一四八一頁、判時一八〇七号六四頁）。住民には厳格ですが、それでも市長は安心できません。

住民訴訟を提起するには、まず監査請求が必要です。監査委員は、市長が議会の同意を得て任命していますから、まさか市長を討つことはないと思いますが、しかし、油断は禁物です。職権行使は独立なので、任命された瞬間に豹変する監査委員もいるかもしれません。また、監査委員がいくら住民の監査請求を排斥してくれても、訴訟を提起されれば、番犬の役を果たしてくれません。単なる番犬よりも、住民に問題を持ち出されたときには、裁判所でも負けない理論を構成してくれる者を監査委員に任命するのが良いでしょう。

③　事前予防が大切

訴えられたら、これまでの顧問の先生を差し置いても、有能な弁護士に依頼することが一つの方法です。むしろ、貴市相手の住民訴訟の代理をしそうな弁護士で有能な者を先に貴市の顧問弁護士として抱え込んでしまうのがよいでしょう。

「地獄の沙汰も医者次第」という面があり、弁護士もピンキリですから、せめて、セカンド・オピニオンを取ってみるべきです。義理などといっている場合ではありません。ただ、それはガンが進行してから、名医選びをするようなものです。どんな名医でも、「ご臨終です」というしかない場合はたくさんあります。事前の予防が肝心です。

長年の太平無事の社会の中で、組合との癒着、外部の団体との癒着、情報非公開の中での事なかれ主義などで、違法行為がたくさん残っています。いわば、成人病、生活習慣病のようなものです。しっかり健康診断を受け、違法を予防し、すでに行われている違法は適切に解消すべきです。組合の支持で当選したとか、組合が強いなどと言っている場合ではありません。そうしないと、市長自身が責任を問われる可能性があります。前の市長の時代からだ、もっと昔からだった、違法とは気がつかなかったなどといくら弁明しても、それは「役所の常識、市民の非常識」というもので、違法であるうえ、さらに過失があるとされることが少なくありません。

④　具体策は？

市長としては、わが市の中に違法行為がないかどうかを、これまでのしがらみにとらわれない外部の有識者に調査してもらって、市長に責任の及ばない形で、解決策を講じてもらうのがよいでしょう。法令コンプライアンスの手法です。

部下にやらせると、茶坊主ばかりですし、「役所の常識」に染まってしますし、前例を変えると自分たちに不利益が及ぶと思って、どうしても及び腰になります。部下とか組合とか、支持団体をはずして、本当に市長のことを考える専門家に頼むべきです。

たとえば、貴市では、職員の貢献に報いるためということで、勤続一五年、二五年、三五年目に、職務とは無関係に旅行して元気回復してきてくださいとして記念品を支給しています。これは、「役所の常識」では、地方公務員法四二条に基づく「元気回復事業」ということになっています。しかし、元気回復事業で正当化できるのは、職場のレクリエーション大会などであって、このように、職員個人が自由に使える所得となるものは、給与であり、給与条例主義（地方自治法二〇四条の二）の下では、違法な支出であることは明らかなので、市長に過失もあるとの判決が出ます。元議員の先生に、市内全線無料パスを支給し、毎年公費で懇親会をするようですが、元議員はすでに今はただの市民ですから、優遇したり、意見を聞いたりする理由はなく、前からの慣習とはいえ、本当は市長の集票組織ですから、よく考えれば違法・過失ありとされます。

市長も身を切る覚悟が必要です。情報非公開の中で、密室談合でできた組合との腐れ縁が切れないなどといっている場合ではないのです。誰でも一番可愛いのは自分です。自分を大事にしたければ、市長は、自分はいっさい違法行為をしないし、わが市でもさせない、これまでの経緯をすべて捨て去って、完全に新しい、市民のための行政運営を行うと宣言すべきです。

そうすれば、当面、票が減るかもしれませんが、世の中も変わってきたので、むしろ、票が増えるかもしれません。もはや、組合や支持団体にアメをやって、票を確保する時代ではなく、正しいことをすべきです。それで落選すれば、誠に残念ではありますが、当選した次の市長が、そうした利権誘導をしているのであれば、住民訴訟で責任を負わされることも起きるので、そのときに、ああ、よかったとおわかりになるでしょう。とにかく、住民訴訟で狙われたら、破産しかなく、遺族も相続放棄か限定承認するしかなく、晩節を汚すことになります。無事に市長を退任し、その後も住民訴訟で責任を問われることのないようにすることをも目的とすべきです。

法令コンプライアンス・システムの構築には金がかかりますが、しかし、違法行為を問題とされる場合と比較すれば遙かに安い、いわば保険料です。しかも、これは身銭を切らなくてもすみます。

市長が晩節を汚されることなく、名市長として後世に名を残されることを期待します。

三　職務上の行為で起訴された職員の弁護士費用の公費負担

Q 質問

本県の警察官が、職務質問で、もみ合いになった男性に向かって発砲して死亡させた事件で、特別公務員暴行凌虐罪で起訴されました。もともと検察官は不起訴にしたのですが、地裁が付審判を決定したのです。

〔付審判〕　日本では検察官が起訴権限を独占し、起訴するかどうかの裁量権を有する（刑事訴訟法二四七条、二四八条）が、それが仲間内で濫用される恐れがあるため、刑法一九三条（公務員職権濫用）、一九四条（特別公務員職権濫用）、一九五条（特別公務員暴行陵虐）、一九六条（特別公務員職権濫用等致死傷）等に限って、裁判所が起訴するかどうかを決定する制度である（刑事訴訟法二六二条以下、刑事訴訟規則一六九—一七五条）。裁判所が指定した弁護士が検察官役になって、裁判を遂行する。過去六〇年間で延べ一八〇〇〇件の請求が出ているが、認められたのは約二一件のみ（うち一八件は警察官が被告人）。有罪率も五〇％と通常よりも低い（朝日新聞二〇一〇年六月一七日三七面）。

当該警察官は、弁護士を雇わなければなりませんが、職務執行中のことであり、また、検察官は起訴しなかった事案でもあることから、個人負担で訴訟を追行させるのは気の毒です。公費で負担できないでしょうか。

A 回答

一　たしかに、単に職務執行中の行為により起訴されたというのではなく、検察官は起訴しなかったのに、付審判で起訴されたというのは気の毒ではあります。しかし、それでも、個人としての犯罪が問われていることに変わりはありません。裁判自体は公務ではありませんので、被告人となった警察官は、個人で弁護士費用を負担するしかないでしょう。特に敗訴の場合に公金を投入することは違法であり、その判断には過失がありますから、住民訴訟で賠償を求められることになります。

類似の例は、住民訴訟に関する地方自治法が平成一四年に改正される前、賠償請求訴訟など、四号請求訴訟の被告は首長などの個人でした。そこで、弁護士を個人で雇わなければなりませんでした。そして、その費用を自治体に返還して貰えるかどうかが争われましたが、平成六年に勝訴の場合にだけ、弁護士費用を返還して貰えると改正されました（平成一四年改正前の地方自治法二四二条の二第八項）。しかし、平成一四年改正で、被告はポストとしての首長となり、個人は被告とならないので、弁護士費用は勝敗問わず自治体の負担となりました。したがって、この条項は削除されました。

この経過から見ても、個人が被告になっている以上は、弁護士費用は個人負担です。

そこで、公費ではなく、職員の互助会から支援することがありますが、互助会に公金の補助がなされている限りは、もとの公金の分については同じでしょう。互助会の経理をきちんと分離して、起訴された職員への支援金が公金から出ていないようにすることが重要です。

しかも、この裁判は、警察官が個人ではなく組織的に防御していますので、付審判を担当する弁護士とは最初から不対等であって、その上資金力に格差が付くことは、不対等を増幅させることで、不適切であると思われます。

二　しかし、警察官が勝訴（無罪確定）したときは、公務遂行に伴う特別の出費がかかったのでありますし、それを個人負担とすることは不合理ですから、弁護士費用を公務遂行に伴う特別出費への補助として公費負担とすることには、地方自治法二三二条の二にいう公益性があると考えられます。実際、平成一四年改正前の住民訴訟では、そのようなしくみになっていたわけです。

三　朝日新聞の報道によれば（二〇一〇年六月一七日三七面）、これまで公費支出をした例はありますが、茨城県、福岡県の例は最終的に無罪となった例であり、それ以外は公費支出していなかったようです。今回栃木県が公費負担を盛り込んだ予算案を可決したようですが、その支出は住民訴訟で返還を求められることになりかねません。

第二章　首長はこんな違法を犯してはならない

住民訴訟の判決を分析すると、それには、監督行政の懈怠、事務処理の怠慢、放漫財政、官製談合、政教分離違反、職員厚遇などが多い。これを整理する文献は多数あるので、ここでは教科書的な整理はしない。最近の注目すべき例を拾って、首長のリスク管理に役立てる。

一　監督行政の懈怠

[一]　敗訴分を元知事に請求、佐賀商工共済協同組合事件（佐賀県）

佐賀地裁二〇〇七年六月二二日判決（判時一九七八号五三頁）は、債務超過に陥り、粉飾経理を重ねて破産した佐賀商工共済協同組合（中小企業等協同組合法に基づき設立）を巡り、元組合員が県に対して提起した損害賠償請求訴訟で、組合を監督している県の

「商工課長は、平成八年七月中に、本件調査により、商工共済の財務状況や粉飾経理の状況を確定的に把握したのであるから、これを直ちに所管行政庁である知事に知らせ、同知事は、すみやかに粉飾経理の是正等を指示する業務改善命令を発令する義務があったというべきであり、平成八年八月以降も中協法上の規制権限を適切に行使せず、これを漫然と放置したのは、中協法の趣旨、目的に照らし、許容される裁量の限度を逸脱して著しく合理性を欠くものであり、その点において少なくとも過失があった。国家賠償法一条一項の適用上違法である。」として、県の賠償責任を認めた。県は控訴せずに元組合員二〇七人に四億九一四八万円を賠償した。さらに、係争中の一七七人にも和解金約四億八一〇〇万円を支払った。

そして、佐賀県は、前知事にこの合計約九億七三〇〇万円の支払いを求める文書を発送したが、拒否されたので、「粉飾を放置したのは重大な過失がある」として、四億九、一〇〇万円の賠償を求めて、訴訟を提起した。その請求の根拠となる国家賠償法一条二項によれば、県から求償できるのは、故意又は重過失がある場合に限るが、はたして重過失と言えるのか。

課長は、県知事に報告していた（判時一九七八号六八頁）。

知事は、「うーん、厳しかな。見通しはどうかな」と答え、課長からの「今よりも有利な有価証券に入れ替えるなどして、経営改善により利益を出せば、四〇年から五〇年はかかるかもしれないが、試算上は経営再建は全く不可能というわけではないです」との報告に対し、「それでいくしかなかかかな」とだけ答えたが、その際、被告県として、どのような対応をなすべきかについての話題は出なかった。なお、この試算は、毎年三〇〇〇万円から四〇〇〇万円の単年度黒字を出し続けるという前提に基づいているが、課長自身、四〇年～五〇年の根拠について、現時点では全く説明できないような具体的根拠に欠けるものであったというのが裁判所の認定である。

これでは、知事の落ち度は大きいものがある。

佐賀県は、知事への求償訴訟を提起するについて、東京大学の小早川光郎、宇賀克也両教授の意見を求めている（http://www.pref.saga.lg.jp/web/_8132.html）。

小早川教授は重過失否定説である。

「重過失が認められるためには、公務員がその職務執行にあたって通常人に要求される程度の相当な注意を怠ったというだけではなく、そうした問題以前の、ほんのわずかの注意さえ保っていれば結果を予見できたのになぜかそのようなわずかの注意すら欠き、それにより被害発生に至ったという場合であることを要する。

本件におけるそれぞれの公務員の行動に関しては、平成八年時点でとられた処置の適否の問題があり、また、それ以後における事態の推移に応じた適切な対応の欠如や、その背景としての担当者交替時における引継ぎの不備なども、問題とされうるであろう。

しかし、本判決および今回提供されたその他の資料にもとづいて考える限りでは、知事またはその他の公務員について、上述の意味で、ほんのわずかの注意さえ保っていれば結果を予見できたのにそのような注意を欠き重過失があった、とまでは言えず、したがって国家賠償法一条二項による県の求償権は成立しないとみるべき事案であるように思われる。」

宇賀教授は知事に重過失ありとの説である。

「(一)　知事の責任

知事としては、上記のような報告を受けたとしても、その「試算」の根拠について慎重に確認すべきであったし、その確認を怠ったことを別としても、粉飾経理が行われていることを知った以上、業務改善命令を出すべきであり、それをせず、監督を強化するような指示も出さず、具体的な対応を部長・次長・課長に委ねてしまったことには、重大な責任があり、故意があったとまではいえないが、権限不行使について重大な過失があったと認定されてもやむを得ないと思われる。

(二)　商工企画課長の責任

組合の事業の遂行につき明確な見通しもなく、また、その後の監督についての確固とした方針もなく、同組合が有価証券の入替えにより収益を増加させて再建可能であると軽率に考え、同組合の資産・能力を十分に考慮せず、調査不十分なまま、同組合が粉飾経理をしながら事業を継続することを黙認した点で重過失があったと認定されてもやむを得ないと思われる。

(三)　商工労働部長・次長の責任

課長が示した「試算」について、その妥当性についての検証を行わないまま、知事へ報告に行った部長・次長の行為は上司としての監督責任を十分に果たしておらず批判されるべきであったとはいえ、重過失があったとまではいいがたいように思われる。」

佐賀地判平成二二年七月一六日(判時二〇九七号一一四頁)は元知事に共済組合の監督不備で、重過失ありとして、個人として五億円近い賠償責任を課した。宇賀教授の意見に近いものである。

判決理由では、前知事は、「このまま粉飾経理により財務状況を秘匿したまま組合員から共済掛け金や金銭消費貸借の形式で金銭を集め、組合員に貸与するという事業を継続することを放置すれば、将来的に破綻して、組合員に多大な損害を与える蓋然性が高いことを認識していたか、少なくとも容易に認識することが可能であったはずである。それにもかかわらず、被告は経営再建の可能性の有無を慎重に検討することなく、具体的な根拠のない極めて安易な見通しに基づき、経営再建の可能性を認めて、本件監督権限を行使することなく、これを放置したのであり、元知事には過失を超えて重大な過失があった」とされた。おそらくは問題先送りという政治判断であったし、作為ではなく、不作為ではあるが、ものすごく杜撰である。組合員に大きな損害を与えることに頭を回さなかった点で、いわば詐欺商法の黙認であり、重過失の認定はやむを得ない。しかし、知事の部下や共済組合幹部の責任もあるので、最終的にはみんなで分担するような解決をすべきだろう。

佐賀県は、部下の過失は重過失ではないと判断したようだが、部下は最終判断者ではないとはいえ、その問題の専門家であり、知事よりも遙かに時間をかけることができるので、適切に補佐しないで、上記のように何の根拠もなく楽観的な見通しを述べるのは重過失だと思う。

しかも、県は、一審でさっさと降りて、原告以外にも賠償しているが、本来は商工共済の責任であるから、できるだけそちらに払わせるべきで、前知事に全責任を負わせるのはいかがかと思う。国・自治体から公務員への求償は、仲間内なので、一般になかなか行われず、重過失を認めたのは極めて珍しい。知事といえども、政権交代があると、県からも賠償責任を追及されるハイリスクなポストで、首長には大きな警鐘となる。死ぬまで権力にしがみつくしかない気もする。

ただし、福岡高裁平成二四年二月一六日判決は前知事の責任について、四九〇〇万円に減額した。

【二】　木造住宅株式会社事件（秋田県）

「秋田県木造住宅株式会社」は、昭和五七年に秋田県、銀行、地元企業が出資して設立された秋田県の第三セクターである。同社が千葉県山武町に建てた二五六戸の住宅のほとんどが欠陥住宅で、しかもほとんどが素人同然の工事であった。地盤沈下がひどくて、中には床下に小川ができていたなんていうお粗末だらけであった。「秋田県から秋田杉と名工の匠の技を産直」という売り文句で騙されて、多くの人が被害に遭った。

平成一〇年二月に同社は約一八〇億円の負債を抱えて、破産宣告を受けた。これは、住宅品質確保促進法（通称住宅版ＰＬ法）ができるきっかけにもなった。

この問題は、公共機関が詐欺同然の商売をしてしまったこと、だれも問題点をチェックできずに銀行も融資し続け、議会も指摘できなかったこと、購入者も知識があれば、購入しなくてすんだのに、無警戒だったこと、「秋田県」という名前を信用しすぎてしまったこと、などがあげられる。

買主は、平成一〇年八月に秋田県を被告に損害賠償請求訴訟を提起した。会社自体は平成一〇年二月に破産しているため、秋田県に対し、改正前商法二三条（会社法九条、新商法一四条）の「名板貸責任」と法人格否認の法理、民法七〇九条、七一五条および七一九条の共同不法行為責任、改正前商法二六六条の三（会社法四二九条）の「役員の第三者責任」などを根拠として、責任を追及した。裁判所の和解勧告で、県も責任を負った。以下は県の発表である。

「第三セクターである秋田県木造住宅株式会社及びその子会社株式会社秋住が、千葉県山武町において販売した住宅をめぐる損害賠償の訴えについては、提訴以来約三年半にわたり審理が行われてまいりましたが、さる二〇〇二年一月一八日、秋田地方裁判所から和解の提言がなされ協議を進めてまいりましたところ、二月定例県議会において承認され、三月二五日、裁判所において和解が成立するに至りました。

このたびの和解については、設立と運営に関与した第三セクターの事件であること、紛争の長期化が本県に与える影響、原告の居住する住宅の現状等を総合的に考えて、裁判所の強い和解の意思を重く受けとめ、人道的・道義的見地からも問題の早期解決を図ることが最善の方策と判断いたしました。

元社長をはじめとする旧役員が、経営の失敗により会社を破産させ、また、施工に不備などのある住宅を販売して他県民に重大な損害を与えたことは、県産材に対する信頼や本県のイメージを著しく失墜させ、また県民にも大きな苦痛を与えました。

このため、県はその信頼回復のために多大な負担を強いられ、また、このたびの和解によっても県民の皆様に更なるご負担をおかけすることになりました。

このような事態を招いたことについては、出資者である県としても道義的責任を感じているところでありますが、それにしても旧役員の責任は極めて重く、許し難いことであると思います。

旧役員は、この様な事実を直視し、自らの責任を深く認識し謝罪すべきであり、このことを県民を代表して強く望むものであります。

第三セクターについては、県の関与の見直し、外部専門家による経営指導の強化、情報公開の充実等を推進するとともに、本件を教訓としてより一層適正な指導監督に努めてまいりたいと考えております。

県民の皆様には、この様な事情をお汲み取りいただき、このたびの対応についてご理解をいただきたいと思います。」

和解の概要

一　秋田県は、原告に対し、和解金として一億九〇五三万四〇五〇円を支払う。

二　秋田・北都両銀行は、原告に対し、和解金としてそれぞれ三〇〇〇万円を支払う。

三　役員個人は、原告に対し、和解金として総額で八〇〇〇万円を支払う。

四　原告は、被告に対するその他の請求をいずれも放棄する。

これは二〇〇二年議会の議決を経て和解したものである。先に書いたように、第三セクターの無責任さの典型例である。

しかし、県に道義的な責任しかなければ、なぜ二億円近い和解金を払うのか、旧役員はわずか八〇〇万円でなぜ済まされるのか、疑問であるが、法的には県の関与の仕方に不備があったということであり、法令コンプライアンスのシステムの構築が課題であろう。

二　事務処理の怠慢

[三]　市長・部長に約一億三千万支払い命令、三セク破たん、消費税の処理にミス、天下りはハイリスク（兵庫県赤穂市）

神戸地裁平成一九年七月一八日判決は、赤穂市が過半（赤穂市六〇〇〇万、民間四〇〇〇万）の出資をしている第三セクター「赤穂駅周辺整備株式会社」（民事再生計画が平成一六年に認可）が二〇〇〇年開業の商業施設を約一九億円（＋消費税約一億円）で買い取る際、市長＝同社非常勤社長、元市部長＝同社常勤取締役らが同社の幹部として、課税事業者選択届けを提出していれば、消費税の還付が受けられたのに、その手続を怠ったために約一億円損したことについて、税務処理知識のある人を配置せず、手続を認識していたのに措置を取らなかったと判断し、特定テナントの光熱水費を肩代わりしたことについても「経営判断としての合理性を欠いていた」として、注意義務違反があったとして、約一億三〇〇〇万円の賠償を命じた。

これに対して、市長・部長は、一般の会社の取締役とは異なり、市長は、市長としての職務に専念する必要があり、第三セクターの社長となったのは象徴的な意味であり(非常勤で無報酬)、元部長は経理や会計の専門家ではなく、主として開発業者との折衝に能力を発揮することを期待されたのであり、常勤とはいえ定年後月二〇万の安月給で頼まれたので、注意義務は軽減されるなどと主張したが、大阪高裁平成二〇年一月三一日判決で排斥された。その理由は、本件事業の成否はその財政や市民生活にたちまち影響すること、市長、部長という、本件事業の遂行に中心的役割を果たしてきた人物が取締役になっていることから、名誉職ではないし、責任を軽減する明示の約束もないので、取締役の注意義務が軽減されるということはおよそありえないというものである。経理担当の職員は消費税の還付に関する具体的な知識がなく、税理士と顧問契約を結んでいなかったことも、裁量の逸脱であるとされた。

この考え方は、市長の職務は、市の仕事のほかに第三セクターの社長のそれも含めたものということであり、第三セクターは、形式上は市とは別組織だが、市が六〇％出資して、市の重要な事業をしているから、市長は気軽に考えてはならないことになる。元部長は外郭団体へいわゆる天下りしたことになるが、気楽ではなく、普通の会社の重役並みに勤めなければならない。月二〇万では完全に割りが悪い。裁判所は、経済的な対価関係が解っていないのではないかと思うが、いずれにせよ、こんなに厳しいのでは、天下りはおいしい話ではないので、断るべきであろう。少なくとも重役保険に入るべきである。

これは最高裁第三小法廷平成二〇年六月一七日で確定した（神戸新聞二〇〇七年七月一八日、同二〇〇八年六月一七日）。赤穂市によると、元市長ら二名は、分割払いであるが、平成二一年度に三〇〇〇万支払ったとのことである。

三　放漫財政、購入価格の精査義務懈怠、杜撰な補助金支出など

[四]　京都市ポンポン山訴訟、市長の遺族、限定承認して八〇〇〇万円払う（京都市）

京都市西京区の「ポンポン山」に計画されていたゴルフ場について、市が開発を不許可としたところ、開発業者から、予定地（約一三四万平方メートル）を買い取ってくれと要求され、京都市が地価四七億円とする鑑定書を頼りに、それで買うこととして、裁判所の調停と議会を通した。しかし、住民約九〇〇人が前市長に約四三億円の返還を求めた。杜撰な鑑定に従ったもので、この額は高すぎるとして、京都地裁平成一三年一月三一日判決（判例自治二二六号九一頁）は、前市長に四億七〇〇〇万円の賠償義務を認めた。

大阪高裁平成一五年二月六日判決（判例自治二四七号三九頁）は、市長は、京都市議会が、本件土地の適正価格や取得の必要性について審議するに際し、当然なすべき説明や

資料の提出等を怠り、審議の充実を図るため万全の配慮を図るべき義務を怠ったとし、市議会の議決についても、民事調停法に基づいて簡易裁判所が行なった決定であったとしても、その決定に示された買取価格の適正さについて、議会が、当然すべき調査・審議を尽くさず、手続的にも内規に違反する買い取りを是認する議決をしたときは、議会の当該議決は、裁量権を逸脱・濫用した違法なものとなるとした。賠償額について、適正価格である二一億円を超える分をすべて損害として、元市長に二六億円の返還を命じた。

最高裁第一小法廷でもこの判決は確定し、元市長の遺族は限定承認をして、八〇〇〇万円を支払ったと仄聞する。

この事件では、市長はなぜ、きちんとした手続を踏まなかったのであろうか。複数の鑑定書をとり、不動産鑑定委員会でその内容を吟味して、その後の地価下落の状況を検討すれば、合理的な額になる。議会で異論があったのに、強引に押し切ったのもなぜだろうか。脅されていたのであろうか。助役、収入役は何をしていたのであろうか。なお、この事件については、住民は、『市長、お覚悟召されい！　京都・ポンポン山四七億円

事件　追及五七〇八日』という本を出版している（かもがわ出版、二〇〇六年）。

〔五〕　山林高価購入、市長、住民訴訟で負け、自宅を売って賠償（大阪府交野市）

大阪府交野市では、動物霊園の建設計画に対する住民の中止要望を受けて、業者側と交渉し、予定地の土地代約四六〇〇万円に補償費約一億三二〇〇万円を上乗せして買い取った。これに対して、この補償費の支出について、違法とする住民訴訟が提起された。大阪地裁二〇〇二年六月一四日判決、大阪高裁二〇〇三年六月一七日判決も、「計画地は一部の樹木が伐採されただけで具体的内容も明確でなかった。損失補償をする必要性は認められない」として、前市長に約一億三二〇〇万円を市に返還するよう命じた。判決はさらに「業者は、計画を仮装して市に土地を不当に高く売るのを目的にしていた疑いが濃厚で、市も買収交渉でこうした疑いをもてたはずだ」と述べ、市の対応の杜撰さを指摘した。最高裁も二〇〇五年九月に上告を棄却した。そこで、市は、前市長に利息を含めた計約一億六千万円の支払いを求めていた。

市は、前市長の所有する市内の自宅（鉄骨二階建て）と土地（約三〇〇平方メートル）、同府東大阪市内の不動産の競売を大阪地裁に申し立てて認められた。同府内の不動産会社などが計約七五〇〇万円で落札した。

前市長は九〇〜〇二年の三期市長を務めた。それが最後にこのように身ぐるみ剥がされるのは誠に気の毒である。取り巻きにも責任を負わせるべきである。

［六］　汚染土壌処理訴訟　前市長らに五〇〇〇万円支払い命令（広島県福山市）

福山市民が、前市長等を被告に、町内会の溝清掃で出る汚土の収集運搬を業者に随意契約で委託し、業者の不当な要求に屈し不当な利益を与えたとして、約一億七〇〇〇万円を市に返還するよう訴えた。一審は約一億五〇〇〇万円を認容し、広島高裁平成一五年七月二九日判決（ＬＥＸ／ＤＢによる）は、汚土外物件の処理及び事前の指示書に基づかない処理に対する委託料の支払いが違法な公金の支出にあたり、また、本件各契約は、随意契約によることができないにもかかわらず、随意契約の方法で締結されたものであり、随意契約の方法を制限する法令に反するものであるから違法であり、本件各契約の効力は無効であるとして、一審の認容額から業者の水増し分を減額し、元市長ほか五人と業者に計約五〇〇〇万円の支払いを命じた。

[七]　業務を一括委託したことは違法、入札なら不要の支出として、市長は市に一〇〇〇万以上円払え（京都市）

住民団体「市民ウォッチャー・京都」のメンバーが、前知事や京都市長ら府・市幹部六人を相手取り、土地家屋調査士、司法書士及び測量業者の各団体との間で、入札をせず、随意契約の方法により、公共事業用地取得のための登記、測量業務等を包括的に委託する業務委託契約を締結し、公金を支出したことが違法であるとして、委託料計約一〇億一〇〇〇万円の返還を求める住民訴訟を提起した。このうち、京都市の分だけ紹介する。

京都地裁平成一五年三月二七日判決（判タ一一三一号一一七頁）は、本件各委託契約は、予定される複数の将来の事業について委託内容も定まらない段階で、包括的に委託するものである上、同業者毎のいわば官製の談合を容認する内容となっている等、そもそも、地方財政法四条一項、改正前の地方自治法二条一四項、二三四条が禁じている内容、形態の支出を伴う契約であり、市長等の裁量権の範囲を著しく逸脱し、財務会計法規上違法であるとして、市長の賠償責任を認めた。

京都市などによると、一括委託は全国でも例をみない独特の発注方法で、府が九四年度、京都市が九六年度から開始した。競争性や透明性の不備を指摘され、府市ともに一九九七年から一件あたりの予定価格が二五〇万円を超す測量業務は指名競争入札に改めた。

【八】大型リゾート施設「シーガイア」訴訟（宮崎県）

宮崎県は二〇〇〇年一月、シーガイアを運営していた第三セクター「フェニックスリゾート」を支援するため、「国際コンベンション・リゾートみやざき振興基金」に六〇億円を拠出し、基金から「フェニックスリゾート」社に二五億円を補助した。住民が「公金支出は公益性がない」として、前知事に県への全額返還を求める住民訴訟を提起した。

「フェニックスリゾート」社は二〇〇一年二月、二七六二億円の負債を抱えて破たんし、米国投資会社が運営を引き継いでいる。

二〇〇四年一二月二二日になって、基金を管理する「みやざき観光コンベンション協会」が同年度末の基金残金見込み額約三二億円から二九億円を返還することで訴訟外の和解が成立し、終了したようである。

〔九〕　不正融資：元副知事らに実刑判決、知事も賠償（高知県）

高知県南国市の縫製業協業組合「モード・アバンセ」への約一二億円の不正融資事件で、元同県副知事ら元県幹部三人が背任罪に問われた。

一審の高知地裁平成一三年三月二六日判決（判タ一一九九号一一八頁）は、次のように、追加融資の二億円だけを背任にあたるとして執行猶予を付けた。

被告人元商工労働部長及び元労働政策課長が在籍していた県商労働部が中心となって、上記組合の倒産を回避するため、同和対策本部長であった被告人副知事の最終的な支出負担行為の決済後、本件貸付けを行ったが、組合が操業停止に至り、県に損害を与えた事案で、第一次貸付けは、組合の事業の存続を図ることが可能であるという判断の下に行われたものであり、とくに常軌を逸しているとは考えられないことを併せ考慮すると、第一次貸付けに関しては被告人三名に刑法上の任務違背の認識がなかったものと認めるのが相当であり、また、第二次貸付けは、主として県の利益を図る目的に出たものではないというべきであるとし、元副知事に懲役一年二月、二年間の執行猶予、元商工労働部長に懲役一年、二年間の執行猶予、元商工政策課長に無罪を言渡した。

しかし、高松高裁平成一七年七月一二日判決は、一審判決を破棄し、元副知事に懲役二年二月、元県商工労働部長に同一年八月、元県商工政策課長に同一年六月のいずれも実刑判決を言い渡した。

判決要旨によれば、普通地方公共団体である県の副知事らが、既に県から総額一四億円余りの貸付けを受けていながら、操業開始後間もなく一〇億円以上の運転資金不足を生じていた協業組合に対して一〇億円余りの貸付けを実行した行為は、副知事らにおいて、同組合の代表者らが事業計画に必要な自己資金を調達せずに増資を仮装するなどして県から貸付金を詐取していたことを知り、かつ、同組合の業績が悪化するばかりで回復の見込みがなく、新規貸付けを実行してもその償還可能性が極めて困難であることを認識していたこと、県が新規貸付金の担保として同組合から徴求した物件には担保価値がなかったにもかかわらず、他に貸付金の確実な回収のための適切な措置を講じていなかったこと、貸付けにかかる予算につき県議会の議決を経ていなかったことなどの事情の下では、背任罪に当たる。

報道によれば、三人は中小企業高度化資金として約一四億円の融資を受けながら経営危機に陥った同組合に対し、低利の融資制度を創設した。県議会の承認を得ず、十分な担保を取らないまま、九六年九〜一二月、四回にわたり計一〇億三五〇〇万円を融資し、九七年一二月にも二億円を追加融資した。

判決は、一〇億円分について「貸し付けをしても業績好転が難しいと知りながら自らの利益のために融資し、県に損害を加えた」と断じ、追加融資についても「回収の見込みがないと認識していた」とした。

橋本大二郎・高知県知事はこれほど重い判決とは思わなかったと述べたという（毎日新聞二〇〇五年七月一二日）。

しかし、一〇億円の巨額の貸し倒れ承知の貸付けを議会にも諮らないで行ったことについて、知事が何ら責任を負わないでいること自体、完全無責任ではないかと思う。なぜ知事は無傷ですんだのであろうか。

この元高知県副知事らの実刑判決は最高裁の上告棄却（平成一九年八月二八日）により確定した（朝日新聞二〇〇七年八月二八日）。

さらに、市民オンブズマン高知のメンバーが橋本大二郎前知事ら当時の県幹部一〇人を相手取って、融資額約二六億円を県に返還するよう住民訴訟を提起したところ、平成二〇年三月二五日、高知地裁で和解が成立した。橋本・前高知県知事は一〇〇〇万円、他の幹部は合わせて一〇〇〇万円を県に返還することとなった。県経営支援課によると、貸付金約二六億四〇〇〇万円のうち、同組合の工場や土地の売却などで同年二月末までに回収できたのはわずか約一億四〇〇〇万円のみ。残りの約二五億円については回収できる見込みはほとんどないという（朝日新聞二〇〇八年三月二五日）。

これは公的融資で、県の幹部が刑事責任まで問われた異常な事件であるが、公金の融資のさい、同和団体を支援するといった政策目的があれば正当化されるものではなく、融資の必要性と回収の可能性、担保の確保といった、融資のイロハを踏まえなければならないことは明白であって、当然の結果である。

〔一〇〕 議会で否決された予算の用途に当てる流用は違法（東京都武蔵村山市）

東京都武蔵村山市の市議が「議会の議決を無視し、予算を流用したのは違法」として、前市長に流用分一三四四万円の返還を求めた住民訴訟で、東京高裁は平成一五年一二月一〇日（判時一八四九号三七頁、判例自治二五四号二二頁）、全額返還を命じた東京地裁平成一四年八月三〇日判決を支持し、前市長側の控訴を棄却した。

判決によると、市議会は平成一二年一月の臨時議会で、小学校跡地への民間病院誘致に関連した予算案を否決した。しかし、前市長は、一般会計から予算を流用して、跡地にあった体育館の解体工事などを発注した。

地方自治法は、一定の範囲内で市長の予算流用を認めているが、裁判所は、「目節間における予算流用の実施については、執行機関に相応の裁量権が認められるとしても、議会が当該事業の実施を否定して予算案から全額削除した事項の費途に充てることを目的とする予算の流用は、議会の予算修正権を有名無実化し、議会による予算統制を定める地方自治法の趣旨を実質的に没却し、濫用するものにほかならず、違法であるから、本件支出負担行為は、いずれも違法な財務会計行為であり、市長に故意又は過失が認められる」ということである。

【二】 固定資産税免除違法住民訴訟（千葉県鋸南町）

本件は、地場産業育成という公益上の観点から、漁業協同組合の漁業施設用地に対する固定資産税を免除したのは、条例の定める要件を欠き違法であるとして、当時の千葉県鋸南町長を被告として提起された住民訴訟である。

町長は、同町税条例「町長は、必要があると認めた場合、固定資産税を減免する。」との規定に基づき、当該土地は、「公益のために直接占用する固定資産（有料で使用する場合を除く。）」に該当するものとした。

しかし、当該土地は、私企業が所有するものであるが、町に無償で貸し渡し、さらに町が漁業協同組合に無償で貸し渡す使用貸借契約が締結されており、同協同組合は、その土地に水産物加工施設等を建設し、使用していたものであり、固定資産税を減免する合理的な根拠はないとした（千葉地判平成一一年一二月二〇日判例自治二一六号二五頁）。

【一二】　議決事項の分割による議決逃れ（秋田県北秋田郡合川町）

議会の議決は、条例により、一定以上の大口に限定されている（自治九六条一項五号）。小口は執行機関に任せるのである。そこで、議決事項を分割する議決逃れが行われる。一個の工事請負契約を議会の議決を要しない規模の三個の工事請負契約に分割したため、分割で割高になった工事費を町に返すよう求めた住民訴訟が起こされた。

最高裁は、「分割発注が議決を回避する目的でなされた場合は違法」とした（最判平成一六年六月一日判時一八七三号一一八頁、判タ一一六三号一五八頁）。

これは、分割発注に理由がある場合もあるので、目的を基準とした（いわば目的犯として構成した）のであろう。分割の必要性と、規制を潜脱するという動機の関係の分析が決め手である。

【一三】　低廉譲渡と議会の議決（山形県小国町）

自治体の公有財産を安く売却する場合、地方自治法二三七条二項は、「議会の議決が必要」と規定しているだけであるが、形式的に議会の議決があればたりるのではなく、当該譲渡等が適正な対価によらないものであることを前提として審議がされた上当該譲渡等を行うことを認める趣旨の議決がされたことを要する（最判平成一七年一一月一七日判時一九一七号二五頁、判タ一一九八号一一八頁）。それは、適正な対価によらずに財産の譲渡等を行う必要性と妥当性を議会に審議させる趣旨であり、さらには、その議会の判断に裁量濫用があれば違法とする趣旨と解される。

【一四】　下水道人口誤魔化し事件（岡山市）

岡山市では、公共下水道の現在の排水人口について、昭和四五年度から平成一〇年度の二九カ年にわたり、処理区域内の常住人口を基礎とする旧建設省から指示された数値ではなく、常住人口に昼間利用人口を加えた人口を基礎とする独自の岡山方式を採用して、国に報告していた結果、地方交付税が過大に交付され、超過額一九億円あまりと、加算金二一億円あまりを返還しなければならないことになった。これに関する住民訴訟で、元市長、助役、下水道局長らが賠償責任を負担することとなり（広島高裁岡山支判平成二一年九月一七日判時二〇八九号三七頁）、最終的に、元市長一八〇〇万円、元助役七〇〇万円、元下水道局長一名あたり一三〇〇万円の合計九〇〇〇万円で和解が成立した（飯島淳子・判例評釈。判例評論六三〇号一五四頁）。

長年やっていたので、どこでやめるか判断できず、やめるとそのときまでの過払い金を返還しなければならないから、ズルズル来たのであろうが、とにかく違法行為に気が付いたら、素直に早期にやめるべきであった。

〔一五〕　不実の課税証明書発行（埼玉県騎西町）

埼玉県東部の騎西（きさい）町の税務課長が不実の宅地課税証明書を発行し、被交付者がそれを提示して不動産会社に当該土地が宅地として開発可能であると誤信させたため、当該不動産会社は宅地開発のために購入し、損害を受けた。そこで、町に対して、国賠法一条一項に基づき損害賠償請求訴訟を提起したところ、浦和地裁判決（平成六年一月一七日、東京高裁は平成六年一一月二八日）は町の損害賠償責任を認めた。

町はこの支払った損害賠償額につき、当の税務課長に対して求償訴訟を提起した。

平成八年六月二四日の浦和地裁判決（判時一六〇〇号一二二頁）は、不実の宅地課税証明書を発行したことについて故意を認め、当該証明書が土地取引に使われて被害者が生じ得ることを認識しなかったことに故意があったまでは言えないにしても、重大な過失があったことは明らかであると判示した。

四　政教分離

【一六】　玉串料訴訟事件（愛媛県）

本件は、愛媛県知事が、靖国神社が挙行する時期の異なる祭に際して、玉串料として計四万五千円、献灯料として三万一千円、供物料として計九万円を県の公金から支出させたことが憲法第二〇条第三項及び第八九条に違反するとして、知事を被告として提起された住民訴訟である。

判決では、一般人が玉串料等の奉納を社会的儀礼の一つに過ぎないと評価しているとは考え難く、また、本件行為は一般人に対して、県が当該特定の宗教団体を特別に支援しており、それらの宗教団体とは異なる特別のものであるとの印象を与え、特定の宗教への関心を呼び起こすものといわざるを得ないとし、玉串料等の奉納の目的が宗教的意義を持ち、その効果が宗教に対する援助、助長、促進又は圧迫、干渉等になるような行為に該当するとして、憲法二〇条第三項及び第八九条に違反する、知事には指揮監督上の義務に違反して憲法に違反した前記支出を行わせた過失があるとされた（最大判平成九年四月二日民集五一巻四号一六七三頁、判時一六〇一号四七頁、判タ九四〇号九八頁、判例自治一六〇号一六頁）。

［一七］　市有地を空知太（そらちぶと）神社の敷地として無償で使わせているは違憲

（北海道砂川市）：最大判平成二二年一月二〇日（民集六四巻一号一二八頁）は次のように判示した。

「国または地方公共団体が国公有地を無償で宗教的施設の敷地として供する行為は、

一般的には、宗教的施設を設置する宗教団体などに対する便宜供与として、憲法八九条との抵触が問題となる。信教の自由の保障の確保という制度の根本目的との関係で相当とされる限度を超えて憲法八九条に違反するか否かを判断するに当たっては宗教的施設の性格、土地が無償で施設の敷地として供されるに至った経緯、無償提供の態様、これらに対する一般人の評価等、諸般の事情を考慮し社会通念に照らして総合的に判断すべきものと解される。

現在、空知太神社の敷地となっている市有地上には、地域の集会場等である建物が建てられているが、その一角に同神社のほこらが設置され、建物の外壁には神社の表示が設けられ、鳥居が設置されている。これらの鳥居や、ほこらに至る各物件は一体として神道の神社施設に当たるものと見るほかはなく、行われている祭事等の諸行事も、宗教的行事ということができる。

砂川市は建物及び各物件の所有者である地元の連合町内会に対し市有地を無償で敷地としての利用に供しているが、諸行事を行っているのは連合町内会とは別の氏子集団で、市有地の利用提供行為はその直接の効果として宗教団体である氏子集団が神社を利用した宗教的活動を行うことを容易にしているということができる。一般から見て砂川市が特定の宗教に対して特別の便益を提供し、これを援助していると評価されてもやむを得ない。

以上の事情を考慮し、社会通念に照らし総合的に判断すると、市と神社ないし神道とのかかわり合いが社会的、文化的諸条件に照らし信教の自由の保障の確保との関係で相当とされる限度を超え、憲法八九条の禁止する公の財産の利用提供に当たり憲法二〇条一項後段の禁止する宗教団体に対する特権付与にも該当し違憲と解される。

違憲状態を解消するためには、住民らが求めている神社施設の撤去及び土地明け渡し請求以外にも、市有地の全部または一部を無償で譲与し、有償で譲渡したり、または、適正な時価で貸し付けるなどの方法があり得る。市長には相当と認められる方法を選択する裁量権がある。また、直ちに神社施設を撤去させるべきだとすることは連合町内会の信頼を害するのみならず、住民らによる宗教的活動を著しく困難にし、氏子集団の構成員の信教の自由に重大な不利益を及ぼす。二審が違憲性を解消するため他の合理的で現実的な手段が存在するか否かについて審理判断しなかったことは違法である。違憲性解消の他の手段の存否等について審理を尽くさせる必要があるから差し戻すのが相当である。」

各地に似たような事案は散在しているであろう。点検を早急に行う必要がある。

五　税金の私的流用

【一八】　議会海外旅行費用等返還請求事件、違法（奈良県吉野町）

これは議員の海外旅行が違法とされた例である。

「普通地方公共団体の議会は、当該普通地方公共団体の議決機関として、その機能を適切に果たすために合理的な必要性がある場合には、その裁量により議員を国内や海外に派遣することができるが、右裁量権の行使に逸脱又は濫用があるときは、議会による議員派遣の決定が違法となる場合のあることは、当裁判所の判決の示すところである（最高裁昭和六三年三月一〇日第一小法廷判決参照）。…吉野町議会は、昭和六三年度の議員研修旅行について、研修先を東南アジアとし、研修目的を外国の行政事情につき議員が知識を深め議会の活動能力を高めるため外国における産業、経済、文化に関する行政を視察するものとしながら、旅行業者に旅行計画の立案を任せた上、右業者が前記行政目的に関係する行動計画を一切含めることなく、遊興を主たる内容とし、観光に終始する日程で旅行計画を提出したのに対し、議員総数二〇人のうち、少なくとも本件旅行に参加した一四人の議員は、右のような事情を承知の上で本件旅行の実施の決定に加わったというのであり、その他の原審認定事実をも総合してみれば、議会による本件旅行の決定には裁量権を逸脱した違法があるとし、上告人らに対し、それぞれ右旅費に相当する一五万八〇〇〇円を吉野町に返還するよう命じた原審の判断は、結論において正当なものとして是認することができる。」(最判平成九年九月三〇日判時一六二〇号五〇頁、判タ九五六号一四七頁)。

ここで先例となっている最判昭和六三年三月一〇日(判時一二七〇号七三頁、判タ六六三号八五頁、判例自治四三号一〇頁)は、公金三七八万五〇〇〇円を支出した堺市の議員の海外旅行につき「議会は、当該普通地方公共団体の議決機関として、その機能を適切に果たすために必要な限度で広範な権能を有し、合理的な必要性があるときはその裁量により議員を海外に派遣することもできる」との一般論の下で適法としていたものである。

［一九］　職員海外出張（福井県）

本件は、福井県が実施した知事ほか同県職員三名の海外出張旅行に要した費用を公金で支出したのは違法であるとして知事を被告として提起された住民訴訟である。

知事等は、平成一一年一〇月二四日から同年一一月一日までの九日間、フィレンツェ、ミラノ等で市内視察、同県ミラノ事務所訪問、鯖江市ミラノ事務所開所式出席等を行ったもので、①海外旅行の公務性、②宿泊料の金額、③専決事項である支出と長の責任が問題となった。

判決では、①海外旅行の公務性については、「県知事等が国内外の実情に通じてその見識と能力を高めることにより、広く住民の利益にも繋がるものと考えられる。」として公務性を認めたが、②宿泊料の金額については、一泊の基本額の三倍を超える額の支出は「目的地の治安の状況その他特別の事情があるときに増額調整ができる裁量権の範囲を逸脱したものである。」と認め、③専決事項である支出と長の責任についても、「長の権限に属する財務会計上の行為を補助職員が専決により処理した場合は、その違法行為をすることを阻止すべき指揮監督上の義務に違反し、当該普通地方自治体が被った損害につき、賠償責任を負う。」ものとした（福井地判平成一三年一〇月二七日判例自治二二九号一九頁）。

このように、本件では、長自らが本件出張に赴くものであり、自己の旅行命令の「旅行者の認印」欄に自ら押印していることから、自己の旅費が各規定額を大幅に上回ることを知っていたか、又は知らなかったことに過失があると認められ、専決を任せた補助職員の財務会計上の違法行為を阻止するべき指揮監督上の義務に違反しているものと認められた。

［二〇］ 政務調査費、市議会政務調査費返還請求住民訴訟事件（倉敷市）

本件行政視察は、実質的には観光旅行であるといえ、本件調査旅費の支出は、本件条例等に違反するものであると認定された。すなわち、行政視察の内容が、施設関係者から話を聞き、施設を見学などでわずか三、四〇分の時間を費やしたにすぎず、各施設の損益状況や集客及び経費削減のための工夫とその実情等々について具体的な調査等が行われた形跡がなく、その成果が観光案内に係る市販ガイドブック、パンフレット、インターネット情報等によって記載可能な程度の内容であり、旅程が観光名所ないし観光施設を順次転々と巡るもので、旅行業者の募集する観光パック旅行と同性質のものである場合には、行政視察は実質的には会派に属する議員全員の親睦を図るための観光旅行であるから、調査旅費の支出は条例等に違反する（岡山地判平成二二年二月一七日判例自治三三一号一〇頁）。

六　職員厚遇

第一部で述べた旅行券裁判、外郭団体裁判などは職員厚遇裁判である。そのほかの例を若干挙げる。

〔三二〕　職員共助組合補助金違法支出損害賠償請求事件（神戸市）

市職員共助組合に対して交付された補助金が違法であるとする住民訴訟である。組合の事業のうち、永年組合員祝金及び本件職員慰安会事業に係る支出は、給与条例主義を潜脱し、違法である（神戸地裁平成二〇年四月一〇日、最高裁平成二二年六月二五日で確定）。

〔三三〕　互助会訴訟（兵庫県高砂市）

兵庫県高砂市互助会は一九九二～二〇〇一年度（平成四～一三年度）、会員の掛け金と市負担金で五二四人に「退職生業資金」計六億四、〇〇〇万円（一人平均一二二万円）を支給した。

二〇〇二（平成一四）年度からは、掛け金だけで運用する「脱退給付金」（上限三〇万円）に変更したが、不公平感の緩和を理由に、当時の積立金の大半に当たる五億六、〇〇〇万円を「リフレッシュ助成金」として全会員一三七三人に分配した。

神戸地裁平成一七年（行ウ）第三六号平成二〇年一一月一八日判決は、これは「福利厚生事業に名を借りた退職金の上乗せ支給で、目的外支出に当たるから市に返還すべき義務がある」と判断し、約六億七、〇〇〇万円を市に返還させることを互助会に求めるよう高砂市長（被告、控訴人）に命じた。大阪高裁平成二〇年（行コ）第一八九号平成二一年八月五日判決も同じである。

最高裁第三小法廷（岡部喜代子裁判長）は、平成二二年九月一四日、登幸人市長側の上告を退け、市長に対し、互助会から約六億七千万円を返還させるよう命じた二審判決が確定した。

第三章　危機一髪助かった首長

〔一〕 日韓高速船補助金住民訴訟（山口県下関市）

本件は、下関市と韓国釜山市との間の高速船海上輸送等を事業目的とした官民共同出資の日韓高速船株式会社に対し、同市が、その運休後の債務整理のために交付した補助金が「公益上必要がある場合」の要件を満たさず、その公金支出は違法であるとして市長を被告として提起された住民訴訟である。

高裁では、同市が主導的に本件事業への協力を要請してきた関係者に対し多大な債務負担をかけないのが市政に対する社会的信頼保持のため必要であるとの判断により、補助金を支出したものであるが、同市長の経歴と職務経験からすると、同支出は地方財政の諸規範及び自治省財政局指導課の指摘等に照らして、その職務上の注意義務の履行に欠けるとして、過失責任が問われた。

潰れた会社に補助金を出したのは公共性がなく違法として、議会の議決を経たにもかかわらず、下関市長は三億円余りの賠償責任を負わされたのである（山口地判平成一〇年六月九日判時一六四八号二八頁、広島高判平成一三年五月二九日判時一七五六号六六頁、判タ一〇七九号一〇三頁、判例自治二二四号二六頁）。しかし、最終的に最高裁で逆転した（最判平成一七年一一月一〇日判時一九二一号三六頁 判タ一二〇〇号一四七頁、判例自治二七六号二二頁）。本件事業の目的、本件補助金の趣旨等に加え、本件補助金に係る予算案は市議会で当否が審議されたうえで可決されたものであることなどに照らすと、元市長が本件補助金を支出したことにつき公益上の必要があると判断したのである。

【二】 甘木産廃訴訟（福岡県甘木市）

福岡県甘木市が、民間業者による産業廃棄物処分場建設を回避するため、予定地を六億三五〇〇円で買い取ったことをめぐり、住民三人が「買収の経緯が不透明で価格も高すぎる」として、前市長に、一億円を市に返還するよう求めた住民訴訟で、福岡高裁平成一四年六月一四日判決（D1.com）は、価格決定に関する前市長の裁量権を認め、市民側の請求を退けた一審・福岡地裁判決を支持、住民側の控訴を棄却した。

判決によると、一九九一年、甘木市白川地区で民間業者の産業廃棄物処分場建設計画が表面化して、「水源地が汚染される」とする住民の反対運動が起こり、同市は九七年、建設予定地の山林（約一一万五〇〇〇㎡）を六億三五〇〇〇円で買収した。

買収価格について、裁判長は、土地の適正価格は鑑定価格である六〇八八万円とは著しい乖離（かいり）があると、住民側の主張を認めた上で、水源地に廃棄物処理施設を造らせないという目的と、反対運動が続いた状況に照らせば、紛争を終息させた土地買収は、単純に金銭評価し難い価値があったし、議会にも諮っていることを理由に市長の裁量権の範囲内として、住民の請求を棄却した。

詳しく引用すると次の通りである。

「地方公共団体の長による財産取得契約の締結ないしその対価の決定は長の裁量に委ねられた行為であると考えられること等を総合すると、長においてその裁量権を濫用もしくは逸脱し、土地取得の必要性との関連で合理的な理由なく著しく高額な価格で財産を取得する契約を締結し、当該地方公共団体に債務を負担させた場合には、当該行為は違法と評価され、長は当該地方公共団体に対し損害賠償責任を負うものと解するのが相当である。

また、土地の取引価格は、経済的要因のみならず、当該取引の当事者の個別的、主観的な事情等の複雑な要素によって決定されるのであって、その要素次第で大きく変動する性質のものであることに鑑みると、土地を取得すべきかどうか、とりわけその対価がどうあるべきかについては、地方公共団体の長に広範な裁量権があるものと解されるから、前記説示のとおり、長の裁量権の濫用ないし逸脱の有無の判断にあたっては、当該財産取得の目的、この目的に照らした当該財産取得の必要性、契約締結に至る経緯（相手方の交渉態度ないしそれに対する長の対応）及び取得価格の当否等を総合的に検討して判断するべきである。

この点、控訴人（住民）らは、「これまでの同種裁判例によれば、裁量権の範囲である買収価額の限度を画するものは、鑑定等によって明らかにされる適正価額ないし正常価額であり、極めて特別な事情がない限り、適正価額の二倍を超えて買収した場合には、裁量権の逸脱と判断されるべきである」と主張するが、前記のとおり土地の取引価格の決定要因が複雑な要素によることに鑑みれば、そのような画一的基準に依拠するのは相当ではなく、前記のような総合的判断によるのが相当である。

(二)　ところで、確かに、控訴人らが主張するように、平成九年七月二三日当時の本件土地の正常価格は、六〇八八万円であると認められる。また、この六〇八八万円と本件買収価額である六億三五〇〇万円と比較すると、その金額の乖離は著しいといわざるを得ず、また買収価額中の土地代金とされている二億三五〇〇万円と比較してもその金額に二倍以上の開きがあり、補償費のうち環境調査費について、A（産廃業者）から実際に業者に支払われた金額が五五八五万一四七九円であり、本件価額申入書に係るA提示金額である一億九三九四万五三七〇円とは相当の開きがあるのみならず、申入書中土地代金の中に含まれているとされる基本計画土質調査費も五五八五万一四七九円に含まれているものと認められる。したがって、長の裁量権の範囲内であるかどうかの判断が総合的判断によるものとしても、このように正常価格と本件買収価格との間に相当程度の乖離が存在すること等に鑑みると、本件買収価額の金額が適正価額ではないとする控訴人らの主張にもかなりの理由があると考えられる。

しかし、前記認定の事実によれば、本件買収の目的は、本件廃棄物処理施設建設に係る長年に亘る紛争を最終的に解決するとともに、水源地である本件建設予定地に廃棄物処理施設を建設させないことを図ったものであり……、Aによる本件廃棄物処理施設建設計画と、これに対する大規模・継続的かつ多数の反対運動が行われ、かつ、市議会においても反対請願が採択されていた状況の下、この紛争を終息させる方法の選択は、高度に政治的、政策的な裁量判断に属する事項であると考えられるところ、このような高度の政治的、政策的判断に基づく買収及びそれによってもたらされる紛争の終息という結果は、単純に金銭に評価し難い大きな価値を有すると認められる。

そして、市長選において本件建設予定地に廃棄物処理施設を建設させないことを公約の一つとしていた被控訴人（前市長）は、市議会において、本件土地を買収することを念頭に紛争の解決を図る意向であることを表明しており、最終的に本件議決を得ていること、また、平成九年七月二三日の市議会全員協議会において、被控訴人が買収額につき六億三五〇〇万円でAと合意したことを報告した際、一部から金額が高すぎるのではないかとの意見もあったが、賛成する意見も述べられ、これを容認しないという意見が大勢を占めなかったことが認められるのであり、このように被控訴人が独断・独走して本件買収を行ったものでないという事情は、議会の議決を経ていることの一事をもって被控訴人の行為の違法性が阻却されるものではないとしても、高度に政治的、政策的な裁量判断に属する本件において、被控訴人の裁量権逸脱の有無を判断する上で無視できない事情というべきである（中略）。

以上まとめると、…本件買収が、長年に亘るAと反対住民間の紛争を解決し、甘木市民の生活ないし同地域の平穏を回復するという、地方自治行政の立場から見ても極めて有益な目的の下に行われたものであって、行政上この紛争をいかにして終息させ、そのためにいかなる方法を選択するかということは高度に政治的、政策的な裁量判断に属する事項に係るものであり、そのような性質を有する本件買収につき、被控訴人は独断・独走して決定したものではなく市議会の議決も得ていること、そして本件買収によってもたらされた紛争の終息という結果は単純に金銭に評価し難い大きな価値を有すること、また、本件土地取得の必要性、本件買収に至る経緯等をも考慮すると、正常価格と本件買収価格との間に相当程度の乖離が存在するとしても、C（訴外）との交渉の結果合意された本件買収価額が著しく不当な価額であると断定することはできず、被控訴人の行為に前記目的に照らし著しく不当な点があったとまでは認められないから、本件買収を行った被控訴人の行為に裁量権の逸脱、濫用があるということはできない。」

〔三〕 神戸空港小型機用地訴訟、空港用地を民間に売却できないという法制度の誤読

(神戸市)

神戸市は、許可を受けた神戸空港に接して、その外に造成した土地を民間に分譲して、そこで小型機がお客を乗せ、地上を走行して、それから、神戸空港の中に入って、その滑走路から離陸するという企画を立てて、その条件で公有水面埋立免許を得ている。裁判になったら、神戸市は、この分譲する民有地は、滑走路を持たないから、飛行場ではないので、管制が及ばなくても、自由に飛行機を走行させることができるとか、飛行場の許可区域の外で行うから許可は要らないという屁理屈を捏ね、なぜか裁判所はこれを認めた。一審裁判所は、小型機が滑走路へと走行するところは、通路であって、これを誘導路とする原告の主張は「ことさらに、こじつけている」と、完全にこじつけ判断を下した。この裁判は年度を変えて三回にもわたり、関与した裁判官は三〇人を超える

（大阪高裁民事一二部平成一七年（行コ）第八八号平成一八年五月一二日判決、大阪高裁民事五部平成一六年（行コ）平成一七年七月二七日判決、神戸地裁民事二部平成一六年（行ウ）第一九号平成一七年八月二四日判決、大阪高裁民事一一部平成一九年（行コ）六七号平成一九年一二月一九日判決、さらに、最高裁平成二〇年（行ツ）第九六号第一小法廷平成二一年四月二日決定、平成二〇年（行ヒ）第一〇四号第一小法廷平成二一年四月二日決定）。

しかし、飛行場は、滑走路のほか、誘導路（地上走行する）、エプロン（乗客を乗せるなどの一体的な区域であって、許可を要する（航空法三八条）から、飛行場の外に、誘導路、エプロンを造る場合には、飛行場設置許可の変更を要し、この土地は、神戸空港の所有者である神戸市が所有していなければならない（航空法三九条一項五号）。したがって、その土地は、法的に売れないのである。飲食店の許可は、調理場と食事場の両方を対象とするので、調理場を飲食店外に作って、料理を運んできて、顧客に提供することが許可制度に違反することと同じである。裁判所が、許可制度のイロハを何度も間違うことはまったく理解できないが、役所の主張することは正しいとの先入観と一旦できた路線を修正する勇気がないことによると推察される。まさに最初の地裁・高裁判事や、調査官の杜撰な調査が躓きの石である。さもなければ、きちんと反論する判決を書くべきである。三行半で「独自」の見解扱いされては到底納得できない。

航空局を騙せたのは、航空局の飛行場設置許可の際は、飛行場の区域内だけを審査したので、その外にある小型機用地が将来どう使われようと（それが神戸空港と一体として使われようと）、とりあえず関係がなかったことにある。港湾局では、埋立ての願書に、小型機用地は誘導路、エプロンとして使用すると書いてあったが、そうすると、それは飛行場用地として許可を得なければならない。しかし、それは航空局の問題で、港湾局は関係がないので、港湾局としては、それでも埋立て免許を出すことを認めたのである。二つの局の狭間で、神戸市は本来許されない埋立事業をして約三〇〇億円の公費を支出したが、その土地は経済的にだけではなく、法的にも民間に売れないので、市民は莫大な損失を被っているのである（阿部泰隆『最高裁不受理事件の諸相Ⅱ』（信山社、二〇一一年）九三頁以下）。

〔四〕　公有地低額売却事件、地方自治法施行令一六七条の二の誤読（神戸市）

神戸市は、御影工業高校跡地を、公募提案方式（以下、コンペ方式という）で高く評価されたとされる業者に対して、競争入札で売却する場合とは比較にならない安い価格で土地を売却した。その差は約三二億円にも上る。

神戸市は土地を売却する場合に、まちづくりの一環として行うので、まちづくりに貢献する業者を相手方とするために、コンペ方式を採り、価格とそれ以外の（跡地の利用内容）両方を考慮して、相手方を選択したと主張する。

しかし、普通には、売却する場合には競争入札が一番有利なのであるから、このような大逆転の差を生ずるコンペ方式に法的根拠はあるのか、法令を精査しなければならない。

地方公共団体の取引においては、競争入札が原則であり、随意契約は政令で定める場合に限り許される（地方自治法二三四条二項）。そして、地方自治法施行令一六七条の二は、随意契約が許される場合を、

一号、売買、貸借、請負その他の契約の場合には、その予定価格が一定以下である場

合と、

二号、①「不動産の買入れ又は借入れ、普通地方公共団体が必要とする物品の製造、修理、加工又は納入に使用させるため必要な物品の売払いその他の契約で②その性質又は目的が競争入札に適しないものをするとき。」としている。

コンペ方式による不動産の売却を肯定する神戸市長の見解は、前記の一六七条の二第一項第二号の「その他の契約」で読むというものである。高裁判決（大阪高裁平成一九年（行コ）一〇八号、民事一四部平成二一年一一月二四日判決、裁判長三浦潤、裁判官森宏司、中村昭子）もこれを認めた。最高裁（平成二二年（行ヒ）一四三号、第三小法廷平成二二年一二月二一日決定、裁判官大谷剛彦、那須弘平、田原睦夫、岡部喜代子）もこれをそのまま認めた。

しかし、それは、文理上も実質的にも誤りであり、これまでの判例も、これに気が付かなかったにすぎない。以下、上告受理申立理由書から転載する。神戸市長は、裁判官が、条文の読み方のイロハを理解できないために助かったというべきである（阿部泰隆『最高裁上告不受理事件の諸相Ⅱ』（信山社、二〇一一年）二五三頁以下）。

（一）　文理解釈

まず、地方自治法施行令一六七条の二の条文では、不動産の「売買」と「買入れ」という言葉が区別されている。したがって、これは意識的に使い分けられていると解される。この一号では、売買である以上は、買入れでも売却でも、競争入札という手間をかけることなく、随意契約が許されることとされているが、それは予定価格が一定額以下（その基準は地方自治法施行令別表第五、財産の売払いについては、都道府県では五〇万円、市町村では三〇万円）に限られている。少額の売買なら、いちいち競争入札というコストをかける価値がないという考えによる。逆に、高額の売買は、この条文では、随意契約は許されない。

不動産の買入れの場合、二号を見れば、②の要件を満たせば、予定価格が一定額以下という制約なしに随意契約をすることが許される。

しかし、不動産の売却の場合には、この二号の規定の適用がないので、②の要件を満たそうと、随意契約にすることはできない。このように理解するのがこの条文を素直に読んだ場合の結論である。

これに対しては、神戸市と大阪高裁は、不動産の売却を「その他の契約」で読めるというのである。その前提に立てば、不動産の売却を随意契約で行うことができるかどうかは、②の要件が充足されたかどうかによる。

しかし、「その他の」という言葉は、その前の語句ですべてを表わしきれないので脱漏を防ぐために補充用に用いられ、当然その前の語句以外のものを意味するが、その前の語句を例示として、それに類するものを指す場合に用いられている。たとえば、「内閣総理大臣その他の国務大臣」（憲法六六条二項）というときは、内閣総理大臣は国務大臣に含まれる。この二号では、不動産の買入れが例示されており、売買とはされていないから、ここでは売却は意図的に排除されているとしか解することはできず、「その他の」に、まさか買入れの反対の売却まで含まれるはずはない。この二号で「売払い」という言葉が用いられているが、これは、「普通地方公共団体が必要とする物品の製造、修理、加工又は納入に使用させるために必要な物品の売払いその他の契約」でとあるように、これらの契約に限っているので、これも、「その他の契約」には不動産の売却一般は含まれないことが前提である。

　仮に「不動産の買入れ又は借入れ、…その他の契約で」とつなげて、「不動産の買入れその他の契約」と読むとしても（それは普通の読み方ではない）、買入と売却が区別されている条文で、買入れの反対語の売却を「その他の契約」の用語で読むのは到底無理である。買入れとあるのに、「その他の契約」で、売却も読むなら、買入れを例示する必要もない。最初から、不動産の売買という用語を用いればすむ。また、こんな解釈が通れば、一号で、売買に一定の価格制限をおいた意味もなくなる。それは制度の破綻である。

　したがって、「地方自治法及び同法施行令には、不動産の売却を随意契約の対象から排除する明文規定は存在せず」とする大阪高裁判決は、地方自治法施行令一六七条の二第一項の第二号以外には目を覆い、かつ、「その他の」の異常な読み方をして初めて出てくる結論であって、上記の条文の構造に明白に反する。

　このように、この制度は、売却を随意契約で行うことを全面禁止しているのである。第二号の「買入れ」の文言は単なる例示に過ぎず、買入れを例示しながら売却を例示しなかったのは、不動産の売却を随意契約で行うべき場合が少ないと想定されただけであるとする原判決は、明白に条文に反する。

さらに、総合評価方式によることができる場合として、平成一一年度改正地方自治法施行令一六七条の一〇の二は次のように規定している。

「普通地方公共団体の長は、一般競争入札により当該普通地方公共団体の支出の原因となる契約を締結しようとする場合において、当該契約がその性質又は目的から地方自治法二三四条第三項本文又は前条の規定により難いものであるときは、これらの規定にかかわらず、予定価格の制限の範囲内の価格をもつて申込みをした者のうち、価格その他の条件が当該普通地方公共団体にとつて最も有利なものをもつて申込みをした者を落札者とすることができる。」

神戸市のコンペ方式は、この総合評価方式と同じであるが、地方自治法は契約について、支出の原因となる契約と収入の原因となる契約とを区別しており、これはその文理上も、地方公共団体の「支出の原因となる契約」について適用される。それは各種の請負契約などには適用されるが、不動産の売却のように収入の原因となる契約には適用されないことは明白である。立法者は、コンペ方式は、「支出の原因となる契約」に限定して認めたのであって、「収入原因契約」には認めていないのである。したがって、収入原因契約については、総合評価方式を使ってはならず、原則に戻って、一般競争入札によらなければならない。

大阪高裁判決は「…収入原因契約については、上記のような立法措置が採られておらずこれを禁止又は制限する規定も存在しない以上、依然として、随意契約として上記の相手方選定方法を採ることができると解するのが相当である。」とし、神戸市のコンペ方式は、この条文による総合評価方式ではない、随意契約であると判断されているが、総合評価方式を認める立法措置が採られていない以上、原則に戻って一般競争入札方式に従うべきなのである。神戸市のコンペ方式の内実は、随意契約の方式の中での総合評価方式であるから、総合評価方式を支出原因契約に限定して認めたこの法制度に正面から抵触するのである。

（二）　実質論

もちろん、法解釈は文理解釈だけでは決定的ではない。実質に支えられて初めて、文理解釈も通用力を持ちうる。

では、地方自治法施行令第一六七条の二第一項第二号において、随意契約ができる場合として、「不動産の買入れ」を認め、「不動産の売却」を排除している理由は何か。実質的理由を考えてみよう。「買入れ」の場合は、不動産にはみな個性があり、行政目的に適合する不動産は特定されており（地方公共団体は不動産売買で利益を上げる存在ではなく、特定の用途に供するために不動産を購入するのであるから、どの土地家屋でもいいから買いたいということは認められていない）、したがって、契約の相手方も特定されているので、その所有者等と交渉するしかなく、競争入札に適しない。

これに対し、「売却」の場合は、高く売れれば高く売れるほど、住民の財産を増加させるのであり（逆に安く売れば背任行為にもなりかねない）、不特定多数の買受け希望者の中から随意契約の方法により契約の相手方を選考するとなると、その選考の方法や過程において合理性や公平性が損なわれ、価格の有利性が失われるおそれがあるから除外していると考えられる。即ち、地方自治法等の定めは、普通地方公共団体の締結する契約は、住民の財産を最大限に有効に活用するようにという観点から、機会均等の理念に最も適合して公正であり、かつ価格の有利性を確保し得る制度である一般競争入札によるべきことを原則とし、それ以外の方法を例外的なものとして位置付けているものと解することができる。

普通財産の売却の際に、公共の利益に反するような使用を禁じたいという場合でも、随意契約による必要はなく、売却条件を付け、買戻し約款をつければ競争入札で対応できる。暴力団に使用させてはならないというような約款は、今は神戸市も作っている。

積極的に公共の利益のために使って欲しいという場合にも、売却条件のなかで工夫をすればよい。街づくりのために自治体が相当程度の具体的プランを作成していて、それを民間企業で行わせるというのであれば、ＰＦＩ（民間資金等の活用による公共施設等の整備等の促進に関する法律によるもの）などの手法をとることも可能である。民間に売却するが、まちづくりの点で自治体が望む計画を立てた業者に売却したいというのであれば、自治体の方が計画を策定して、それに従うことを売却条件として、最も高く応札する業者に売却すべきである。

わざわざ総合評価方式を導入した前記の地方自治法施行令一六七条の一〇の二でも、不動産の売却にまではこれを導入していないのは、それは必要がないと考えられたというべきであろう。

（三）　損　害

なお、損害は、時価相当額を下回って随意契約をしたというのであれば、実際的には、民間事業実施に補助金を出すことにほかならないので、具体的な「公益目的」の存在と補助をすることが相当であることの説明が必要とされるし、補助としての形式が必要であろう。単に安く売って、公益のための補助金だとの説明はできない。

［五］　外郭団体訴訟、権利放棄議決を有効とする法解釈の誤り（神戸市）

一　神戸市は、外郭団体への職員派遣につき、公益的法人派遣法に従って、市の職員を休職させて派遣し、給与は払っていないが、これでは外郭団体はやっていけないので、外郭団体に別途派遣職員人件費相当分を補助した。

市としては、外郭団体に補助することは公益上の必要性があればできるとの見解であり（地方自治法二三二条の二）、かりにこれに違法があるとしても、組織で決めたことで、市長が個人でしたことではなく、破廉恥行為をしたわけでもないから気の毒だし、外郭団体もこれでは潰れるので、困ってしまい、議会に、これは単なる手続ミスで、市に損害はないと説明して、地方自治法九六条一項一〇号に基づいて債権放棄するとの条例を提案し、可決してもらった。

外郭団体は、市とは別の団体なので、市の職員を有給で派遣することはできない。これは茅ヶ崎市の商工会議所派遣事件で最高裁が認めた基本的なルールである（最判平成一〇年四月二四日判例自治一七五号一一頁）。そこで、ルールを明確にするために公益的法人派遣法（公益的法人等への一般職の地方公務員の派遣等に関する法律（平成一二年四月二六日法律第五〇号））が制定され、平成一四年四月に施行された。自治体の職員を派遣するときは、原則として、休職させて、無給とする、給与は外郭団体が負担するとのルールである。これはノーワークノーペイ、職務専念義務（地方公務員法三五条）という、公務員法が定める当然のルールによるものである。ただし、実質的に市の職務を行うような場合には、例外として有給派遣を認めている（公益的法人派遣法六条一、二項）。しかし、外郭団体の職務の大部分は、市の職務ではないはずである。

二　神戸市は、地方自治法は公益のために補助金を支給することを認めていると主張したが、それは一般法であり、公益的法人派遣法は特別法であるから、特別法が優先するのは法解釈のイロハである。また、公益的法人派遣法で、有給で派遣してはならないと定められているのに、無給で派遣して、その給与を別途補助することは、脱法行為で、違法である。脱法行為を禁止する明示の規定はないが、だからこそ脱法行為と言われるのであり、それは法解釈上当然のルールである。神戸市のような解釈がまかり通れば、公益的法人派遣法は死に体になる。これは大阪高裁のほか、最高裁も認めたものである。

しかし、最高裁（平成二四年四月二〇日判決民集六六巻六号二五八三頁）は権利放棄議決を有効とした。

（一）地方自治法九六条一項一〇号は、普通地方公共団体の議会の議決事項として、「法律若しくはこれに基づく政令又は条例に特別の定めがある場合を除くほか、権利を放棄すること」を定め、この「特別の定め」の例としては、普通地方公共団体の長はその債権に係る債務者が無資力又はこれに近い状態等にあるときはその議会の議決を経ることなくその債権の放棄としての債務の免除をすることができる旨の同法二四〇条三項、地方自治法施行令一七一条の七の規定等がある。他方　普通地方公共団体の議会の議決を経た上でその長が債権の放棄をする場合におけるその放棄の実体的要件については、同法その他の法令においてこれを制限する規定は存しない。

したがって、地方自治法においては、普通地方公共団体がその債権の放棄をするに当たって、その議会の議決及び長の執行行為（条例による場合は、その公布）という手続的要件を満たしている限り、その適否の実体的判断については、住民による直接の選挙を通じて選出された議員により構成される普通地方公共団体の議決機関である議会の裁量権に基本的に委ねられているものというべきである。もっとも、同法において、普通地方公共団体の執行機関又は職員による公金の支出等の財務会計行為又は怠る事実に係る違法事由の有無及びその是正の要否等につき住民の関与する裁判手続による審査等を目的として住民訴訟制度が設けられているところ、住民訴訟の対象とされている損害賠償請求権又は不当利得返還請求権を放棄する旨の議決がされた場合についてみると、このような請求権が認められる場合は様々であり、個々の事案ごとに、当該請求権の発生原因である財務会計行為等の性質、内容、原因、経緯及び影響、当該議決の趣旨及び経緯、当該請求権の放棄又は行使の影響、住民訴訟の係属の有無及び経緯、事後の状況その他の諸般の事情を総合考慮して、これを放棄することが普通地方公共団体の民主的かつ実効的な行政運営の確保を旨とする同法の趣旨等に照らして不合理であって上記の裁量権の範囲の逸脱又はその濫用に当たると認められるときは、その議決は違法となり、当該放棄は無効となるものと解するのが相当である。そして、当該公金の支出等の財務会計行為等の性質、内容等については、その違法事由の性格や当該職員又は当該支出等を受けた者の帰責性等が考慮の対象とされるべきものと解される。

（二）しかるところ、原審は、本件訴訟の係属前に、その請求に係る市の矢田（市長個人）に対する損害賠償請求権及び本件各団体に対する不当利得返還請求権を放棄する旨の本件附則に係る議決がされ、本件附則を含む本件改正条例が公布を経て施行されたという事実関係の下において、上記（一）の諸般の事情の総合考慮による判断枠組みを採ることなく、上記諸般の事情のうち、一部の事情について認定判断するのみで、本件補助金の支出に係る違法事由の有無及び性格や過失等の帰責性の有無及び程度を始め、当該支出の性質、内容、原因、経緯及び影響などの考慮されるべき事情について検討をしていない。したがって、これらの考慮されるべき事情について審理を尽くすことなく、原審摘示の事情のみを理由に直ちに上記の放棄を内容とする本件附則に係る議決が裁量権の範囲の逸脱又はその濫用に当たり違法であるとした原審の判断には、審理不尽の結果、法令の解釈適用を誤った違法があるものといわざるを得ない。

神戸市長はこの判決で、いわば九死に一生を得たものである。まさに、「最高」の判決であった。

しかし、これは、債権放棄は市長が誠実に行わなければならず、議会はそれを監視するとの地方自治法の基本的な法システムを理解しない最高裁の誤読である。

以上の三件は、裁判所の誤読のおかげで、神戸市長が危機一髪助かった例であり、神戸市長にとってはまさに「最高」の判決であったが、住民にとっては、法と正義の味方と信じた最高裁の判断とは信じがたいものであった。

〔六〕　チボリ公園職員派遣住民訴訟、知事の責任（岡山県）

岡山県は第三セクター方式により設立された株式会社（倉敷チボリ公園）との間で協定を締結し、職員に職務専念義務を免除して、同会社に派遣して給与を支給した。県知事個人に損害賠償を、チボリ公園株式会社に不当利得返還の請求を求める住民訴訟（四号請求）が提起された。裁判所は、本件の事実関係の下では、本件職務専念義務の免除及び勤務しないことについての承認は違法であるから、本件県職員に対する給与等を県において負担する旨を定めた本件協定は、地方公務員法二四条一項、三〇条・三五条の趣旨に反する違法なものであるとしつつ、公序良俗に反するものとはいえず、私法上有効であるとした。そして、当時、このような事例が多かったこと、派遣に関する法制度が整備されていなかったこと、その適否についても定説がなかったことから、当該協定が私法上無効とまではいえず、知事にも過失があったとはいえないと判断された（最高裁平成一六年一月一五日第一小法廷民集五八巻一号一五六頁、判時一八五〇号三〇頁、判タ一一四五号一二七頁）。チボリ公園も返金しなくて済み、知事も巨額の賠償責任を免れることができたのである。これは最高裁の判断であるから、本当に危ないものであった（阿部泰隆意見書が知事側で提出されている）。

〔七〕五億五〇〇〇万円の漁業補償は違法との高裁判決が最高裁で逆転（香川県高松

市）

高松市が新食肉センターを建設した際、市内の漁協に五億五〇〇〇万円の漁業補償を支出した。

「市民オンブズ香川」のメンバーが住民訴訟を提起した。平成一二年八月七日の高松地裁判決は風評被害が予想されることなどを認めて請求を棄却した。高松高裁は平成一五年二月二七日（判タ一一七七号一六〇頁、判例自治二四七号九三頁）、地裁判決を変更して、支出を違法と判断し、同市の市長に市に五億五〇〇〇万円を賠償するように命じた。

判決理由では、「食肉センターの排水や操業に伴う風評で漁業損失が生じる相当程度の可能性は認められないのに、裁量権を逸脱して漁業補償を支出した」、また、「センター建設に漁協の同意は法的要件ではなく、漁協が建設反対から方針転換するために要求した五億五〇〇〇万円の積算根拠の提出も求めていない」と指摘された。

最高裁平成一八年三月一〇日第二小法廷判決（判例自治二八三号一〇三頁）は、市が、新食肉センターの建設に対する漁協ないしその組合員から同意を得るために、漁場における漁業権を消滅させることを前提として損失補償をした場合につき、市が同意を得て建設を進めるかどうかは、市の裁量的な判断に属し、また、建設着手の見通し、損失補償なしに同意を得ることの困難さ、漁場への影響などの事情の下では、漁業補償契約を締結したことをもって市の裁量権の範囲を逸脱したものということはできないとして破棄自判した。

第四章　住民運動・住民訴訟の波及効果

【一】　職員互助会への公金補助を全面廃止（兵庫県三田市）

三田市職員互助会の懇親会費などへの同市の公費負担が二〇〇八年度に増額された問題で、同市は、互助会への補助を二〇〇九年度からすべて廃止すると発表した。同互助会は積立金のうち約一億二五〇〇万円（全体の約六六％）を市の負担分と判断し、市に返還する。

互助会への公金補助の全面廃止は、兵庫県内では、小野市に続いて二市目である（神戸新聞二〇〇九年四月二八日）。

【二】　無料パス、旅行券、共助組合への補助金廃止（神戸市など）

神戸市は前記ＯＢ議員への無料パスをやめたほか、旅行券を廃止し、共助組合の補助金をやめた。

同市はこれまで、市条例に基づき、事業者負担分として、市職員で構成する互助組織「職員共助組合」（約一万六〇〇〇人）に対し、組合員の掛け金と同額を補助してきたが、厚遇批判や、同組合の厚生事業に市が支出した補助金の適否が争われた住民訴訟で、一、二審とも市側が敗訴したことなどを受け、市が負担している年間約二億四〇〇〇万円の公費補助を打ち切った。剰余金として同組合が管理している公費約二億九〇〇〇万円も、市に返還される。

出産祝い金（三万円）や入学祝い金（小学校入学時二万五〇〇〇円）などの事業は、組合員の掛け金のみで継続する。

特殊勤務手当について、神戸市環境局が全面的に見直し、現行の六種中五種を廃止、減額することで職員組合と合意した。二〇〇三年度ベースで二億四一〇〇万円の削減につながった。

同局によると、同手当は一九九八年の要綱で規定している。他のごみ収集班の回収を助ける「応援作業加算」は一回につき二三〇〇円▽ごみが腐敗するなど作業内容が過酷になる七、八の二カ月に計二万四五〇〇円――などが上乗せされていた。

二〇〇三年度の職員の年間平均給与（約八百二〇万円）と比べても同局職員が一一三万円上回り、うち同手当が約九〇万円を占めている。

このため同局が今春から手当の性格と支給内容を精査した結果、「夏期特別手当」と、年始支給分（一月四～一六日のうち二日間に一日二三五〇円）などを廃止、応援作業加算も一二〇〇万円に減額することにした。

併せて、要綱による同手当の規定を、公布などが必要になる規則に変更し、支給の透明性を高めることにした（神戸新聞二〇〇四年一二月二三日）。

大阪市や名古屋市など、政令市では同様の見直しが広がっている。

〔三〕 助成金不正受給、解放同盟府連の複数支部への返還請求へ（京都市）

京都市内の複数の部落解放同盟府連合会支部が学習会への助成金を不正受給していた問題で、市は九七年度から三年間に六一件計約三、七四八万円の不正受給があったとする調査結果を明らかにした。不正の内訳は、実施しなかった架空の事業一五件▽宿泊料金や参加人数を水増しした事業三九件▽実施したが宿泊場所や団体名が異なるなど、補助対象とならない事業七件――だった。

学習会への助成金は「同和対策事業助成要綱」に基づき〇一年度まで支給されていた。市は今後、同要綱によって支払われていた他の学習会事業についても調査し、最終報告をまとめる（毎日新聞二〇〇三年三月七日）。

参考文献

◆阿部泰隆『住民訴訟改革論』（信山社、予定）。以下の住民訴訟関連論文は収録予定。すべて阿部著。
「住民訴訟四号請求訴訟における首長の責任（違法性と特に過失）（上）・（下・完）」判時一八六八号、一八六九号（二〇〇四年）。

「住民訴訟平成一四年改正四号請求被告変更の誤謬」判時二一〇〇号（二〇一一年）。

「自治体の組織的腐敗と厚遇裁判によるその是正」自治研究八八巻一〜三号（二〇一二年）。

「地方議会による賠償請求権の放棄の効力」判時一九五五号（二〇〇七年）。

「地方議会による地方公共団体の賠償請求権の放棄は首長のウルトラCか（上・下）」自治研究八五巻八号頁、九号（二〇〇九年）。

「地方議会による地方公共団体の権利放棄議決再論──学説の検討と立法提案」自治研究八五巻一一号（二〇〇九年）。

「地方議会による地方公共団体の権利放棄議決に関するその後の判例等」自治研究八六巻

三号（二〇一〇年）。

「地方議会による地方公共団体の権利放棄議決に関するその後の判例補遺」自治研究八七巻四号（二〇一一年）。

「裁判による政策の実現――厚遇裁判、ネズミ捕り訴訟を例に――」阿部泰隆『行政法の進路』（中央大学出版会、二〇一〇年）第七章。

「住民訴訟において自治体が支払う弁護士報酬の問題点」ガバナンス二〇一一年一二月号。
◆このほか、同『最高裁不受理事件の諸相Ⅱ』（信山社、二〇一一年）
「組織の腐敗・組織的違法（特に行政のそれ）をなくす法システム創造の提案（一）（二）」自治研究八六巻九号、一〇号（二〇一〇年）。

「地方公共団体が高額不動産をコンペ方式に基づく随意契約により廉価売却することは適法か」判時一九七九号頁（二〇〇七年）。

「自治体における弁護士職員採用の諸問題――明石市の例を中心に――」自治実務セミナー二〇一二年一一月号。

「権利放棄議決有効最高裁判決の検証と敗訴弁護士の弁明」自治研究八九巻四、五、六号

（二〇一三年）

◆住民訴訟ではないが、本文で言及しているもの
「大津波被災地、原発避難区域のまちづくり（土地利用）について」自治研究八八巻八、九号（二〇一二年）
「生活保護制度改革における発想の転換」自治研究八八巻一〇、一一号、八九巻一号（二〇一二年）
「憲法問題に学識をもち、かつ通常事件に見識のある最高裁判事選出の方策と裁判官補佐体制（調査官）のあり方」『憲法の規範力』（信山社、二〇一三年）

吾 妻 大 龍（あづま・たいりゅう）

本名：阿部泰隆

東京大学法学博士，神戸大学名誉教授，元中央大学教授，大龍法律事務所弁護士

主要著書

『行政法解釈学Ⅰ・Ⅱ』（有斐閣，2008年，2009年）

所在地

〒654-0143　神戸市須磨区菅の台7-8-11 大龍法律事務所

●ホームページ（http://www.eonet.ne.jp/~greatdragon/）

●ブログ（http://ameblo.jp/giantdragon/entrylist.html）

●お問い合せメール：attorney-abe@law.email.ne.jp

（事務所は不在がちですので，なるべくメールでお願いします。郵送物も送る前にご一報ください）。

市長「破産」

◇法的リスクに対応する自治体法務顧問と司法の再生

2013(平成25)年7月10日　第1版第1刷発行

著　者　吾　妻　大　龍

発行者　今　井　　貴
　　　　稲　葉　文　子

発行所　㈱　信　山　社

〒113-0033　東京都文京区本郷6-2-9-102

電話　03(3818)1019

Printed in Japan　FAX　03(3818)0344

印刷・製本／ワイズ書籍・渋谷文泉閣

ISBN978-4-7972-8608-3　C3232